はじめに

JN064375

FPとは「**F**inancial（ファイナンシャル）・**P**lanning（プランニング）＝資金計画・立案」と「**F**inancial（ファイナンシャル）・**P**lanner（プランナー）」の2つを表す略称です。

個人の夢や目標の達成に向けたライフプラン（＝人生設計）には、さまざまな「お金」の問題が発生します。そこで、個人のライフプランに合わせた資金計画の立案には、一つの分野に特化した知識だけでなく、「年金」「保険」「不動産」「金融資産」「税金」「相続」など、さまざまな種類の「お金」の知識が必要となります。

「FP」は、これらの「お金」の知識を総合的に身に付けて、お客様のライフプランの実現に向けたアドバイスをする専門家です。

人生100年時代を迎え「お金」の知識を身に付けることは、当然、ビジネスとして活用することができますが、同時に、本書を手に取られているみなさまの人生の羅針盤にもなります。**学ぶことで「経済」が見える。「社会」が見える。「人生」が見える。そんな資格が「FP」なのです。**

「FP」を目指すみなさまの登竜門となる資格が「3級ファイナンシャル・プランニング技能士（FP技能士）」です。

本書は、「3級FP技能士」の合格を目的とし、初めて「FP」を勉強しようとされている方にわかりやすく「お金」の知識を身に付けていただけるような工夫を数多く盛り込んでいます。

本書を執筆いたしました「資格の大原　FP講座の専任講師」は、これまで数多くのFP技能士の合格者を輩出しております。試験傾向はもちろん、受検生が苦手な論点などを熟知しておりますので、本書の中に「合格のノウハウ」が余すことなく集約されております。

本書をご利用されるみなさまが必ず「3級FP技能士」の栄冠を勝ち取られることを、資格の大原　FP講座専任講師一同、心より祈念いたしております。

資格の大原　FP講座

＜トピックス＞
2024年4月より、「3級FP技能検定（学科試験、実技試験）」は、全国で随時受検ができる「CBT（Computer Based Testing）試験」へ移行されました。

本書の利用方法

本書は、NPO法人 日本ファイナンシャル・プランナーズ協会(以下、協会)と一般社団法人金融財政事情研究会(以下、金財)が実施する「3級FP技能検定」の過去の本試験問題の中から頻出度・重要度の高い問題を厳選した問題集です。

〈学科編〉

テキスト(別冊)と対応
『資格の大原公式FP3級合格テキスト』と対応していますので、本書とともに利用できます。

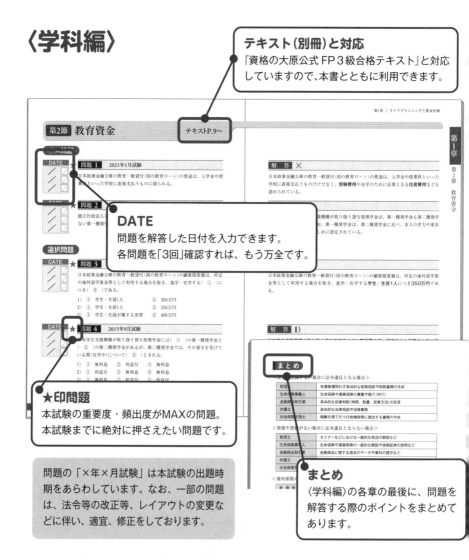

DATE
問題を解答した日付を入力できます。
各問題を「3回」確認すれば、もう万全です。

★印問題
本試験の重要度・頻出度がMAXの問題。
本試験までに絶対に押さえたい問題です。

まとめ
〈学科編〉の各章の最後に、問題を解答する際のポイントをまとめてあります。

問題の「×年×月試験」は本試験の出題時期をあらわしています。なお、一部の問題は、法令等の改正等、レイアウトの変更などに伴い、適宜、修正をしております。

本書は、2024年4月1日現在の施行法令等により作成されています。

〈実技編〉

〈実技編〉

ファイナンシャル・プランニング技能検定・実技試験

3級 資産設計 提案業務

第1回

問 題

科目別
過去の本試験より厳選した問題を科目別に各2回分掲載しています。
受検予定の問題をしっかり確認しましょう。

【実技試験の試験範囲】

【資産設計提案業務】（協会：実施）
1. 関連業法との関係及び職業上の倫理を踏まえたファイナンシャル・プランニング
2. ファイナンシャル・プランニングのプロセス
3. 顧客のファイナンス状況の分析と評価

【個人資産相談業務】（金財：実施）
1. 関連業法との関係及び職業上の倫理を踏まえたファイナンシャル・プランニング
2. 個人顧客の問題点の把握
3. 問題の解決策の検討・分析

【保険顧客資産相談業務】（金財：実施）
1. 関連業法との関係及び職業上の倫理を踏まえたファイナンシャル・プランニング
2. 保険顧客の問題点の把握
3. 問題の解決策の検討・分析

【試験実施機関による比較】

	協　　会	金　　財
出題科目	資産設計提案業務	個人資産相談業務 保険顧客資産相談業務　（1つ選択）
出題形式	三答択一式（20問）	事例形式（三答択一式）5題（15問）
試験時間	60分	60分
合格基準	100点満点で60点以上	50点満点で30点以上

3級FP技能検定■合格スケジュール

次の日程を参考に各自の合格スケジュールを立てましょう！

学習内容	学習範囲		9月受検の モデルケース	1月受検の モデルケース	5月受検の モデルケース
テキスト※ を読む	第1章	ライフプランニングと資金計画	6月上旬	11月上旬	3月上旬
	第2章	リスク管理			
	第3章	金融資産運用			
問題集(本書) (学科)を解く	第1章	ライフプランニングと資金計画	6月中旬	11月中旬	3月中旬
	第2章	リスク管理			
	第3章	金融資産運用			
テキストを読む	第4章	タックスプランニング	6月下旬	11月下旬	3月下旬
	第5章	不動産			
	第6章	相続・事業承継			
問題集(学科)を 解く	第4章	タックスプランニング	7月上旬	12月上旬	4月上旬
	第5章	不動産			
	第6章	相続・事業承継			
問題集(実技)を 解く	受検予定の実技試験の問題		7月中旬	12月中旬	4月中旬
問題集の正解率80%を達成			8月上旬	12月下旬	5月上旬
最終確認や弱点補強など			試験の直前1週間前		
3級FP技能検定(CBT試験)			随時(休止期間を除く)		

※テキストは別冊となります。

― 法令基準日 ―

3級FP技能検定の法令基準日は、2024年6月～2025年5月実施分は「2024年4月1日」となります。

目　次

〈実技編〉

一般社団法人金融財政事情研究会　ファイナンシャル・プランニング技能検定
3級実技試験（個人資産相談業務、保険顧客資産相談業務）
【許諾番号】1708K000002

第1章

ライフプランニングと資金計画

頻出項目ポイント

- **FPとライフプランニング**
  法令遵守、複利係数の計算問題
- **教育資金**
  教育一般貸付と日本学生支援機構の奨学金
- **住宅取得資金**
  住宅ローンの返済方法
- **社会保険**
  健康保険、介護保険
- **労働保険**
  労災保険、雇用保険
- **公的年金**
  老齢基礎年金、特別支給の老齢厚生年金

○×問題

DATE
／　／
／　／
／　／

問題 1 2018年5月試験

ファイナンシャル・プランナーが顧客と投資顧問契約を締結し、その契約に基づき投資助言・代理業を行うには、金融商品取引業の登録を受けなければならない。

DATE
／　／
／　／
／　／

★ ### 問題 2 2020年9月試験

税理士資格を有しないファイナンシャル・プランナーが、顧客のために反復継続して確定申告書を作成しても、その行為が無償であれば税理士法に抵触しない。

DATE
／　／
／　／
／　／

★ ### 問題 3 2016年1月試験

保険業法上、生命保険募集人の登録を受けていないファイナンシャル・プランナーが、ライフプランの相談に来た顧客に対し、生命保険商品の商品性を説明することは、禁止されていない。

DATE
／　／
／　／
／　／

★ ### 問題 4 2014年9月試験

弁護士資格を有しないファイナンシャル・プランナーが、顧客からの相談に応ずる場合は、一般的な法令などの説明を行うにとどめ、個別具体的な法律事務の取扱い等は、弁護士等の専門家に委ねなければならない。

選択問題

DATE
／　／
／　／
／　／

問題 5 2011年9月試験

金融商品取引法では、同法で定める金融商品取引業を行うには（　　　）の登録を受けなければならないとされている。

1) 内閣総理大臣　　2) 財務大臣　　3) 都道府県知事

解 答 ○

なお、投資助言・代理業における助言とは、**特定銘柄の購入時期や数量など具体的な投資判断を助言すること**であるため、金融商品に関する過去のデータや資料の提示を行うだけであれば、金融商品取引業の登録を受けなくても行うことができる。

解 答 ×

税理士資格を有しないファイナンシャル・プランナーは、**有償・無償を問わず**、税理士法に規定された**税理士業務**(確定申告書の作成や具体的な個別相談)**を行ってはならない**。なお、税制の**一般的な説明**をすることは、**税理士法に抵触しない**。

解 答 ○

なお、商品性の説明に留まらず、**募集・勧誘**まで行うためには、生命保険募集人の登録が必要となる。

解 答 ○

弁護士資格を有しないFPが、顧客からの相談に応ずる場合は、一般的な法令などの説明を行うにとどめ、個別具体的な**法律事務**(遺産分割をめぐって係争中の顧客から相談を受け、相続人間の利害調整を行うことなど)の取扱い等は、弁護士等の専門家に委ねなければならない。

解 答 1)

金融商品取引法では、同法で定める金融商品取引業を行うには**内閣総理大臣**の登録を受けなければならないとされている。

◯×問題

DATE
／
／
／

問題 1　2021年1月試験

日本政策金融公庫の教育一般貸付(国の教育ローン)の使途は、入学金や授業料といった学校に直接支払うものに限られる。

DATE
／
／
／

問題 2　2014年5月試験

独立行政法人日本学生支援機構が取り扱う貸与型奨学金には、返済義務のない第一種奨学金と返済義務のある第二種奨学金がある。

選択問題

DATE
／
／
／

問題 3　2018年5月試験

日本政策金融公庫の教育一般貸付(国の教育ローン)の融資限度額は、所定の海外留学資金等として利用する場合を除き、進学・在学する(　①　)につき(　②　)である。

1) ① 学生・生徒1人　　　　② 300万円
2) ① 学生・生徒1人　　　　② 350万円
3) ① 学生・生徒が属する世帯　② 400万円

DATE
／
／
／

問題 4　2015年9月試験

日本学生支援機構が取り扱う貸与型奨学金には(　①　)の第一種奨学金と(　②　)の第二種奨学金があるが、第二種奨学金では、その貸与を受けている間(在学中)について(　③　)とされる。

1) ① 無利息　　② 利息付　　③ 無利息
2) ① 利息付　　② 無利息　　③ 無利息
3) ① 無利息　　② 利息付　　③ 利息付

解答 ✕

日本政策金融公庫の教育一般貸付（国の教育ローン）の使途は、入学金や授業料といった学校に直接支払うものだけでなく、**受験費用**や在学のために必要となる**住居費用**なども認められている。

解答 ✕

独立行政法人日本学生支援機構が取り扱う貸与型奨学金は、第一種奨学金も第二種奨学金も**返済義務がある**。なお、第一種奨学金は、第二種奨学金に比べ、本人の学力や家計の収入等に係る基準が厳しめに設定されている。

解答 2)

日本政策金融公庫の教育一般貸付（国の教育ローン）の融資限度額は、所定の海外留学資金等として利用する場合を除き、進学・在学する**学生・生徒1人**につき**350万円**である。

解答 1)

日本学生支援機構が取り扱う貸与型奨学金には**無利息**の第一種奨学金と**利息付**の第二種奨学金があるが、第二種奨学金では、その貸与を受けている間（在学中）について**無利息**とされる。

○×問題

| 問題 1 | 2020年1月試験 |

住宅金融支援機構と民間金融機関が提携した住宅ローンであるフラット35の融資金利は固定金利であり、その利率は取扱金融機関がそれぞれ独自に決定している。

| 問題 2 | 2013年1月試験 |

住宅金融支援機構のフラット35では、中古住宅は融資対象とならない。

| 問題 3 | 2012年5月試験 |

住宅金融支援機構のフラット35では、繰上返済手数料は無料とされている。

★ | 問題 4 | 2020年9月試験 |

住宅を取得する際に長期固定金利住宅ローンのフラット35(買取型)を利用するためには、当該住宅の建設費または購入価額が消費税相当額を含めて1億円以下である必要がある。

| 問題 5 | 2015年5月試験 |

住宅ローンの一部繰上げ返済を行う際に「期間短縮型」を選択した場合、一般に、繰上げ返済後の毎回の返済額は増額となるが、残りの返済期間は短くなる。

解 答 ○

住宅金融支援機構と民間金融機関が提携した住宅ローンであるフラット35の融資金利は**固定金利**であり、その利率は一律ではなく、取扱金融機関がそれぞれ**独自に決定**している。

解 答 ✕

フラット35では、**中古住宅**も一定の条件を満たせば融資対象となる。

解 答 ○

なお、繰上げ返済可能な金額は、原則として**100万円**以上であるが、住宅金融支援機構のインターネットサービス「住・My Note」を利用して一部繰上げ返済を申し込む場合は、**10万円**以上であればよい。

解 答 ✕

長期固定金利住宅ローンのフラット35(買取型)を利用するにあたり、当該住宅の建設費または購入価額が消費税相当額を含めて**1億円以下でなければならないという融資条件はない**。

解 答 ✕

住宅ローンの一部繰上げ返済を行う際に**期間短縮型**を選択した場合、一般に、繰上げ返済後の毎回の**返済額は変わらず**に、残りの**返済期間は短く**なる。なお、返済期間を変更せずに毎月の返済額を減額する**返済額軽減型**もある。

問題 6 2014年1月試験

住宅ローンの一部繰上げ返済には、返済期間短縮型と返済額軽減型の方法があるが、一般に、返済期間短縮型よりも返済額軽減型のほうが利息の軽減効果が大きい。

問題 7 2012年9月試験

住宅ローン(全期間固定金利型)の一部繰上げ返済は、一般に、その実行時期が早いほど、元利金総返済額を減少させる効果が大きい。

選択問題

★ **問題 8** 2015年1月試験

住宅金融支援機構のフラット35は、(　　　)時点での金利が適用される。

1) 借入申込　　2) 融資実行　　3) 居住開始

★ **問題 9** 2014年5月試験

住宅金融支援機構のフラット35の融資金額は、100万円以上(　　　)以下で、建設費または購入価額(非住宅部分に関するものを除く)以内とされている。

1) 5,000万円　　2) 8,000万円　　3) 1億円

問題10 2013年9月試験

住宅金融支援機構のフラット35を申込む際の条件として、年収に占めるすべての借入(フラット35を含む)の年間合計返済額の割合は、年収400万円未満の場合は30%以下、年収400万円以上の場合は(　　　)以下でなければならない。

1) 35%　　2) 40%　　3) 45%

解　答　✕

住宅ローンの一部繰上げ返済には、返済期間短縮型と返済額軽減型の方法があるが、一般に、**返済額軽減型**よりも**返済期間短縮型**のほうが利息の軽減効果が大きい。

解　答　◯

全期間固定金利型の住宅ローンの一部繰上げ返済は、一般に、その**実行時期が早いほ**ど、元利金総返済額を減少させる効果が大きい。

解　答　2)

住宅金融支援機構のフラット35は、**融資実行**時点での金利が適用される。

解　答　2)

住宅金融支援機構のフラット35の融資金額は、100万円以上**8,000万円**以下で、建設費または購入価額(非住宅部分に関するものを除く)以内とされている。

解　答　1)

住宅金融支援機構のフラット35を申込む際の条件として、年収に占めるすべての借入(フラット35を含む)の年間合計返済額の割合は、年収400万円未満の場合は30％以下、年収400万円以上の場合は**35％**以下でなければならない。

問題11 2017年1月試験

下図は、住宅ローンの返済方法をイメージ図で表したものであるが、A図は（　①　）返済方式を、B図は（　②　）返済方式を、両図のPの部分は（　③　）部分をそれぞれ示している。

A図

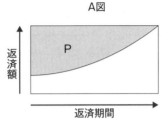

B図

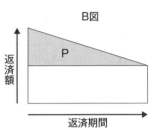

1) ① 元金均等　② 元利均等　③ 利息
2) ① 元利均等　② 元金均等　③ 利息
3) ① 元利均等　② 元金均等　③ 元金

問題12 2018年5月試験

住宅ローンの返済方法のうち、元利均等返済方式と元金均等返済方式の利息を含めた総返済金額を比較すると、返済期間や金利などの他の条件が同一である場合、通常、その額は、（　　　　）。

1) 元利均等返済方式のほうが多い
2) どちらも同じ額である
3) 元金均等返済方式のほうが多い

解 答 **2)**

下図は、住宅ローンの返済方法をイメージ図で表したものであるが、A図は**元利均等**返済方式を、B図は**元金均等**返済方式を、両図のPの部分は**利息**部分をそれぞれ示している。

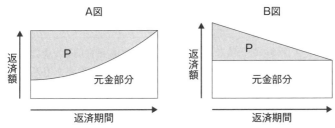

解 答 **1)**

住宅ローンの返済方法のうち、元利均等返済方式と元金均等返済方式の利息を含めた総返済金額を比較すると、返済期間や金利などの他の条件が同一である場合、通常、その額は、**元利均等返済方式のほうが多い**。

○×問題

問題 1　2021年1月試験

健康保険の被保険者が同一月内に同一の医療機関等で支払った医療費の一部負担金等の額が、その者に係る自己負担限度額を超えた場合、その支払った一部負担金等の全額が、高額療養費として支給される。

★ ### 問題 2　2020年9月試験

全国健康保険協会管掌健康保険の被保険者である会社員が、退職後に任意継続被保険者となるためには、資格喪失日から14日以内に任意継続被保険者となるための申出をしなければならない。

問題 3　2009年9月試験

健康保険法に基づき、被保険者が出産した場合には出産育児一時金が支給され、被保険者の被扶養者が出産した場合には家族出産育児一時金が支給される。

★ ### 問題 4　2019年1月試験

公的介護保険の第2号被保険者は、市町村または特別区の区域内に住所を有する40歳以上60歳未満の医療保険加入者である。

問題 5　2008年1月試験

公的介護保険の第1号被保険者が負担する保険料は、全国一律ではなく、市町村および特別区などにより異なる。

解 答	✕

健康保険の被保険者が同一月内に同一の医療機関等で支払った医療費の一部負担金等の額が、その者に係る自己負担限度額を超えた場合、その**超えた金額**が、高額療養費として支給される。

解 答	✕

全国健康保険協会管掌健康保険の被保険者が、退職後に任意継続被保険者となるためには、資格喪失日から**20日**以内に任意継続被保険者となるための申出をしなければならない。なお、退職後に国民健康保険の被保険者となるためには、資格喪失日から14日以内に申出をしなければならない。

解 答	◯

なお、出産育児一時金および家族出産育児一時金は、一児につき原則として**50万円**である。

解 答	✕

公的介護保険の第2号被保険者は、市町村または特別区の区域内に住所を有する**40歳**以上**65歳**未満の医療保険加入者である。

解 答	◯

公的介護保険の第1号被保険者が負担する保険料は、全国一律ではなく、**市町村および特別区**などにより異なるが、その者の所得に応じても異なる。

★ **問題 6** 2014年9月試験

公的介護保険の介護給付または予防給付のサービスを受けた者は、原則として、かかった費用(食費、居住費等を除く)の3割を負担する。

選択問題

★ **問題 7** 2019年5月試験

健康保険の任意継続被保険者となるためには、健康保険の被保険者資格を喪失した日の前日まで継続して(①)以上被保険者であった者が、原則として、資格喪失の日から(②)以内に任意継続被保険者の資格取得手続を行う必要がある。

1) ① 2ヵ月 ② 20日
2) ① 2ヵ月 ② 14日
3) ① 1年   ② 14日

★ **問題 8** 2020年9月試験

全国健康保険協会管掌健康保険の被保険者に支給される傷病手当金の支給期間は、同一の疾病または負傷およびこれにより発した疾病に関して、その支給開始日から通算して( )に達するまでである。

1) 1年   2) 1年6ヵ月   3) 2年

問題 9 2015年5月試験

健康保険の被保険者に支給される傷病手当金の額は、1日につき、原則として、当該被保険者の支払開始日の直近12ヵ月の標準報酬月額の平均額を30で除した額の( )に相当する額である。

1) 3分の1   2) 3分の2   3) 4分の3

★ **問題10** 2014年5月試験

健康保険の被保険者が、産科医療補償制度に加入している医療機関で出産したときは、出産育児一時金として一児ごとに( )が支給される。

1) 42万円   2) 50万円   3) 55万円

解　答　✕

公的介護保険の介護給付または予防給付のサービスを受けた者は、原則として、かかった費用（食費、居住費等を除く）の**1割**を負担する。なお、第1号被保険者のうち、一定以上の所得がある者の負担割合は2割または3割となる。

解　答　1）

健康保険の任意継続被保険者となるためには、健康保険の被保険者資格を喪失した日の前日まで継続して**2ヵ月**以上被保険者であった者が、原則として、資格喪失の日から**20日**以内に任意継続被保険者の資格取得手続を行う必要がある。

解　答　2）

全国健康保険協会管掌健康保険の被保険者に支給される傷病手当金の支給期間は、同一の疾病または負傷およびこれにより発した疾病に関して、その支給開始日から通算して**1年6ヵ月**に達するまでである。

解　答　2）

健康保険の被保険者に支給される傷病手当金の額は、1日につき、原則として、当該被保険者の支払開始日の直近12ヵ月の標準報酬月額の平均額を30で除した額の**3分の2**に相当する額である。

解　答　2）

健康保険の被保険者が、産科医療補償制度（出産により所定の脳性麻痺が生じた場合に補償する制度）に加入している医療機関で出産したときは、出産育児一時金として一児ごとに**50万円**が支給される。

問題11　2019年9月試験

健康保険の被保険者(障害の状態にない)は、原則として、(　　　)になると健康保険の被保険者資格を喪失し、後期高齢者医療制度の被保険者となる。

1)　65歳　　2)　70歳　　3)　75歳

問題12　2013年1月試験

公的介護保険の被保険者は2つに区分され、(　①　)以上の者は第1号被保険者、(　②　)の公的医療保険加入者は第2号被保険者となる。

1)　①　60歳　　②　40歳以上60歳未満
2)　①　65歳　　②　40歳以上65歳未満
3)　①　65歳　　②　45歳以上65歳未満

問題13　2012年1月試験

公的介護保険による保険給付の対象となるサービスを受けた者は、原則として、そのサービスに要した費用(食費、居住費等を除く)の(　　　)を負担する。

1)　1割　　2)　2割　　3)　3割

問題14　2012年5月試験

公的介護保険の(　①　)被保険者が、保険者である(　②　)から要介護または要支援の認定を受ける場合は、要介護または要支援の原因である障害が特定疾病によって生じたものに限られる。

1)　①　第1号　　②　都道府県
2)　①　第1号　　②　市町村(または特別区)
3)　①　第2号　　②　市町村(または特別区)

解　答 **3)**

健康保険の被保険者(障害の状態にない)は、原則として、**75歳**になると健康保険の被保険者資格を喪失し、後期高齢者医療制度の被保険者となる。

解　答 **2)**

公的介護保険の被保険者は2つに区分され、**65歳**以上の者は第1号被保険者、**40歳以上65歳未満**の公的医療保険加入者は第2号被保険者となる。

解　答 **1)**

公的介護保険による保険給付の対象となるサービスを受けた者は、原則として、そのサービスに要した費用(食費、居住費等を除く)の**1割**を負担する。なお、第1号被保険者のうち、一定以上の所得がある者の負担割合は2割または3割となる。

解　答 **3)**

公的介護保険の**第2号**被保険者が、保険者である**市町村(または特別区)**から要介護または要支援の認定を受ける場合は、要介護または要支援の原因である障害が特定疾病によって生じたものに限られる。なお、第1号被保険者については、要介護状態または要支援状態となった原因を問わない。

◯×問題

問題 1　2008年5月試験

労働者災害補償保険の給付対象となる労働者は、適用事業所の正規雇用の社員のみであり、パートタイマー、アルバイトおよび日雇労働者は給付対象とならない。

★

問題 2　2019年9月試験

労働者災害補償保険の保険料は、労働者と事業主が折半で負担する。

問題 3　2016年9月試験

雇用保険の一般被保険者が38年間勤めた勤務先を60歳で定年退職し、退職後に基本手当を受給する場合の所定給付日数は、その者が就職困難者に該当する場合を除き、最長で150日である。

★

問題 4　2018年1月試験

雇用保険の高年齢雇用継続基本給付金は、原則として、算定基礎期間を満たす60歳以上65歳未満の被保険者が、60歳到達時点に比べて賃金が85％未満に低下した状態で就労している場合に、被保険者に対して支給される。

選択問題

問題 5　2010年9月試験

労働者災害補償保険の休業補償給付は、労働者が業務上の負傷または疾病による療養のため労働することができないために賃金を受けない日の第4日目から支給され、その額は、原則として1日につき給付基礎日額の（　　　）に相当する額である。

1)　100分の40　　2)　100分の60　　3)　100分の80

解　答　✕

労働者災害補償保険の給付対象となる労働者は、適用事業所の正規雇用の社員のみならず、**パートタイマー**、**アルバイト**および**日雇労働者**も給付対象となる。

解　答　✕

労働者災害補償保険の保険料は、事業主が**全額**を負担する。

解　答　◯

雇用保険の一般被保険者が38年間勤めた勤務先を60歳で定年退職した場合、被保険者期間が20年以上あることになるため、退職後に基本手当を受給する場合の所定給付日数は、原則として最長で**150日**となる。なお、被保険者期間が10年未満の場合は**90日**、10年以上20年未満の場合は120日となる。

解　答　✕

雇用保険の高年齢雇用継続基本給付金は、原則として、算定基礎期間を満たす60歳以上65歳未満の被保険者が、60歳到達時点に比べて賃金が**75%**未満に低下した状態で就労している場合に、被保険者に対して支給される。

解　答　2)

労働者災害補償保険の休業補償給付は、労働者が業務上の負傷または疾病による療養のため労働することができないために賃金を受けない日の通算して第4日目から支給され、その額は、原則として1日につき給付基礎日額の**100分の60**に相当する額である。

問題 6 2014年1月試験

雇用保険の高年齢雇用継続基本給付金は、原則として60歳到達時点に比べて、賃金額が（　　）未満に低下した状態で就労している60歳以上65歳未満の雇用保険の一般被保険者で、一定の要件を満たす者に対して支給される。

1）　75%　　2）　80%　　3）　85%

問題 7 2021年1月試験

雇用保険の基本手当を受給するためには、倒産、解雇および雇止めなどの場合を除き、原則として、離職の日以前（　①　）に被保険者期間が通算して（　②　）以上あることなどの要件を満たす必要がある。

1）　①　1年間　　②　6ヵ月
2）　①　2年間　　②　6ヵ月
3）　①　2年間　　②　12ヵ月

問題 8 2018年9月試験

雇用保険の育児休業給付金の額は、育児休業を開始した日から育児休業給付金の支給に係る休業日数が通算して180日に達するまでの間は、1支給単位期間当たり、原則として休業開始時賃金日額に支給日数を乗じて得た額の（　　）相当額となる。

1）　33%　　2）　67%　　3）　75%

問題 9 2017年1月試験

雇用保険の教育訓練給付金のうち、一般教育訓練に係る教育訓練給付金の額は、教育訓練施設に支払った教育訓練経費の20%相当額であるが、その額が（　　）を超える場合は、（　　）が支給される。

1）　10万円　　2）　15万円　　3）　30万円

解答 1)

雇用保険の高年齢雇用継続基本給付金は、原則として60歳到達時点に比べて、賃金額が**75%**未満に低下した状態で就労している60歳以上65歳未満の雇用保険の一般被保険者で、一定の要件を満たす者に対して支給される。

解答 3)

雇用保険の基本手当を受給するためには、倒産、解雇および雇止めなどの場合を除き、原則として、離職の日以前**2年間**に被保険者期間が通算して**12ヵ月**以上あることなどの要件を満たす必要がある。

解答 2)

雇用保険の育児休業給付金の額は、育児休業を開始した日から育児休業給付金の支給に係る休業日数が通算して180日に達するまでの間は、1支給単位期間当たり、原則として休業開始時賃金日額に支給日数を乗じて得た額の**67%**相当額となる。

解答 1)

雇用保険の教育訓練給付金のうち、一般教育訓練に係る教育訓練給付金の額は、教育訓練施設に支払った教育訓練経費の20%相当額であるが、その額が**10万円**を超える場合は、**10万円**が支給される。

第6節 公的年金制度の概要　テキストP.33〜

◯✕問題

問題 1　2013年1月試験

国民年金の第1号被保険者とは、日本国内に住所を有する20歳以上65歳未満の者であって、国民年金の第2号被保険者および第3号被保険者のいずれにも該当しない者をいう。

★ 問題 2　2018年9月試験

国民年金の第1号被保険者によって生計を維持している配偶者で20歳以上60歳未満の者は、国民年金の第3号被保険者となる。

★ 問題 3　2021年1月試験

国民年金の保険料免除期間に係る保険料のうち、追納することができる保険料は、追納に係る厚生労働大臣の承認を受けた日の属する月前10年以内の期間に係るものに限られる。

選択問題

★ 問題 4　2021年5月試験

国民年金の被保険者が学生納付特例制度の適用を受けた期間は、その期間に係る保険料を追納しない場合、老齢基礎年金の受給資格期間（　①　）、老齢基礎年金の年金額（　②　）。

1) ①　に算入され　　　　②　にも反映される
2) ①　に算入されず　　　②　にも反映されない
3) ①　には算入されるが　②　には反映されない

解 答 ✕

国民年金の第1号被保険者とは、日本国内に住所を有する**20歳以上60歳**未満の者であって、国民年金の第2号被保険者および第3号被保険者のいずれにも該当しない者をいう。

解 答 ✕

国民年金の第1号被保険者によって生計を維持している配偶者で20歳以上60歳未満の者は、国民年金の**第1号被保険者**となる。なお、国民年金の**第2号被保険者**によって生計を維持している配偶者で**20歳以上60歳**未満の者は、国民年金の**第3号被保険者**となる。

解 答 ○

国民年金の保険料免除期間に係る保険料のうち、追納することができる保険料は、追納に係る厚生労働大臣の承認を受けた日の属する月前**10年**以内の期間に係るものに限られる。

解 答 **3)**

国民年金の被保険者が学生納付特例制度の適用を受けた期間は、その期間に係る保険料を追納しない場合、老齢基礎年金の受給資格期間**には算入される**が、老齢基礎年金の年金額**には反映されない**。

第7節 老齢基礎年金・老齢厚生年金 テキストP.43～

○×問題

問題 1　2015年1月試験

老齢基礎年金を繰り下げて受給する場合、繰下げによる加算額を算出する際の増額率は、最大30%である。

問題 2　2014年1月試験

老齢厚生年金の支給要件は、厚生年金保険の被保険者期間を1年以上有する者が65歳以上であること、老齢基礎年金の受給資格期間を満たしていることである。

問題 3　2020年1月試験

特別支給の老齢厚生年金(報酬比例部分)は、原則として、1960年(昭和35年)4月2日以後に生まれた男性および1965年(昭和40年)4月2日以後に生まれた女性には支給されない。

選択問題

問題 4　2010年1月試験

老齢基礎年金は、原則として、保険料納付済期間と保険料免除期間の合計が10年以上ある人が、(　　　)に達したときに支給される。

1)　60歳　　2)　63歳　　3)　65歳

問題 5　2021年5月試験

65歳到達時に老齢基礎年金の受給資格期間を満たしている者が、67歳0ヵ月で老齢基礎年金の繰下げ支給の申出をした場合、老齢基礎年金の増額率は、(　　　)となる。

1)　12.0%　　　2)　16.8%　　　3)　25.2%

解 答 ✕

老齢基礎年金を繰り下げて受給する場合、繰下げによる加算額を算出する際の増額率は、最大**84%**である。繰下げによる増額率は、1ヵ月当たり**0.7%**であり、最大120ヵ月の繰下げが認められるため、増額率は最大で**84%(0.7%×120ヵ月)**となる。

解 答 ✕

老齢厚生年金の支給要件は、厚生年金保険の被保険者期間を**1ヵ月**以上有する者が65歳以上であること、老齢基礎年金の受給資格期間を満たしていることである。

解 答 ✕

特別支給の老齢厚生年金(報酬比例部分)は、原則として、**1961年(昭和36年)**4月2日以後に生まれた男性および**1966年(昭和41年)**4月2日以後に生まれた女性には支給されない。

解 答 3)

老齢基礎年金は、原則として、保険料納付済期間と保険料免除期間の合計が10年以上ある人が、**65歳**に達したときに支給される。

解 答 2)

65歳到達時に老齢基礎年金の受給資格期間を満たしている者が、67歳0ヵ月で老齢基礎年金の繰下げ支給の申出をした場合、老齢基礎年金の増額率は、**16.8%(0.7%×12ヵ月×2年)**となる。

★ **問題 6** 2019年1月試験

国民年金の第1号被保険者が、国民年金の定額保険料に加えて月額（　①　）の付加保険料を納付し、65歳から老齢基礎年金を受け取る場合、（　②　）に付加保険料納付済期間の月数を乗じて得た額が付加年金として支給される。

1) ① 200円　　② 400円
2) ① 400円　　② 200円
3) ① 400円　　② 300円

問題 7 2013年9月試験

特別支給の老齢厚生年金を受給するためには、老齢基礎年金の受給資格期間を満たしていること、厚生年金保険の被保険者期間が（　　　）以上あること、支給開始年齢に達したことのすべての要件を満たす必要がある。

1) 1ヵ月　　2) 6ヵ月　　3) 1年

問題 8 2019年5月試験

夫が受給している老齢厚生年金の加給年金対象者である妻が（　①　）歳になり、老齢基礎年金の受給権を取得し、当該妻に支給される老齢基礎年金に振替加算の額が加算される場合、その振替加算の額は、（　②　）の生年月日に応じた額となる。

1) ① 60　　② 妻
2) ① 65　　② 妻
3) ① 65　　② 夫

問題 9 2015年5月試験

老齢厚生年金に加給年金額が加算されるためには、受給権者自身に厚生年金保険の被保険者期間が原則として（　　　）以上なければならない。

1) 10年　　2) 20年　　3) 25年

解 答 2)

国民年金の第1号被保険者が、国民年金の定額保険料に加えて月額**400円**の付加保険料を納付し、65歳から老齢基礎年金を受け取る場合、**200円**に付加保険料納付済期間の月数を乗じて得た額が付加年金として支給される。

解 答 3)

特別支給の老齢厚生年金を受給するためには、老齢基礎年金の受給資格期間を満たしていること、厚生年金保険の被保険者期間が**1年**以上あること、支給開始年齢に達したことのすべての要件を満たす必要がある。

解 答 2)

夫が受給している老齢厚生年金の加給年金対象者である妻が**65歳**になり、老齢基礎年金の受給権を取得し、当該妻に支給される老齢基礎年金に振替加算の額が加算される場合、その振替加算の額は、妻の生年月日に応じた額となる。

解 答 2)

老齢厚生年金に加給年金額が加算されるためには、受給権者自身に厚生年金保険の被保険者期間が原則として**20年**以上なければならない。

○×問題

問題 1　2015年5月試験

障害等級1級に該当する者に支給される障害基礎年金の額は、障害等級2級に該当する者に支給される障害基礎年金の額の1.5倍に相当する額である。

問題 2　2019年1月試験

遺族基礎年金を受給することができる遺族は、国民年金の被保険者等の死亡の当時、その者によって生計を維持され、かつ、所定の要件を満たす「子のある配偶者」または「子」である。

問題 3　2013年9月試験

遺族厚生年金を受けることができる遺族の範囲は、被保険者等の死亡当時その者によって生計を維持されていた配偶者、子、父母、孫または兄弟姉妹である。

選択問題

問題 4　2019年9月試験

障害基礎年金の保険料納付要件は、原則として、初診日の前日において、初診日の属する月の前々月までの国民年金の被保険者期間のうち、保険料納付済期間(保険料免除期間を含む)が(　　　)以上あることである。

1)　3分の1　　2)　2分の1　　3)　3分の2

解　答	✕

障害等級1級に該当する者に支給される障害基礎年金の額は、障害等級2級に該当する者に支給される障害基礎年金の額の**1.25倍**に相当する額である。

解　答	○

遺族基礎年金を受給することができる遺族は、国民年金の被保険者等の死亡の当時、その者によって生計を維持され、かつ、所定の要件を満たす「**子のある配偶者**（子のある妻・子のある夫）」または「**子**」である。

解　答	✕

遺族厚生年金を受けることができる遺族の範囲は、被保険者等の死亡当時その者によって生計を維持されていた**配偶者、子、父母、または孫**であり、**兄弟姉妹**は遺族厚生年金を受けることはできない。

解　答	3）

障害基礎年金の保険料納付要件は、原則として、初診日の前日において、初診日の属する月の前々月までの国民年金の被保険者期間のうち、保険料納付済期間（保険料免除期間を含む）が**3分の2**以上あることである。

問題 5　　2009年5月試験

遺族基礎年金の支給対象となる子（一定の障害の状態にある場合を除く）とは、被保険者または被保険者であった者の死亡の当時、その者によって生計を維持されていた（　　　）に達する日以後の最初の3月31日までの間にある子で、かつ、現に婚姻していない子である。

1）　16歳　　　2）　18歳　　　3）　20歳

問題 6　　2017年1月試験

国民年金の第1号被保険者が死亡し、その遺族である妻が寡婦年金と死亡一時金の両方の受給要件を満たす場合、その妻は（　　　）。

1）　いずれか一方の受給を選択する

2）　両方を受給することができる

3）　寡婦年金のみを受給することができる

★　### 問題 7　　2015年9月試験

遺族厚生年金の額は、原則として、死亡した被保険者または被保険者であった者の厚生年金保険の被保険者記録を基に計算した老齢厚生年金の報酬比例部分の額の（　　　）に相当する額である。

1）　2分の1　　　2）　3分の2　　　3）　4分の3

★　### 問題 8　　2015年1月試験

遺族厚生年金の中高齢寡婦加算の支給に係る妻の年齢要件は、夫の死亡の当時、子のない妻の場合、（　　　）65歳未満であることとされている。

1）　35歳以上　　　2）　40歳以上　　　3）　45歳以上

解　答 2)

遺族基礎年金の支給対象となる子(一定の障害の状態にある場合を除く)とは、被保険者または被保険者であった者の死亡の当時、その者によって生計を維持されていた**18歳**に達する日以後の最初の3月31日までの間にある子で、かつ、現に婚姻していない子である。

解　答 1)

国民年金の第1号被保険者が死亡し、その遺族である妻が寡婦年金と死亡一時金の両方の受給要件を満たす場合、その妻は**いずれか一方の受給を選択する**。

解　答 3)

遺族厚生年金の額は、原則として、死亡した被保険者または被保険者であった者の厚生年金保険の被保険者記録を基に計算した老齢厚生年金の報酬比例部分の額の**4分の3**に相当する額である。

解　答 2)

遺族厚生年金の中高齢寡婦加算の支給に係る妻の年齢要件は、夫の死亡の当時、子のない妻の場合、**40歳以上**65歳未満であることとされている。

○×問題

問題 1 2011年9月試験

確定拠出年金では、加入者自らが自己責任で掛金の運用指図を行い、その運用結果に応じて将来の年金給付額が変動する。

問題 2 2008年1月試験

確定拠出年金の企業型年金は、勤務先の企業が拠出した掛金に上乗せして従業員が掛金を拠出することはできない。

問題 3 2019年9月試験

国民年金の第3号被保険者は、確定拠出年金の個人型年金の加入者となることはできない。

問題 4 2017年1月試験

国民年金基金に加入している者は、国民年金の付加保険料を納付することができない。

選択問題

問題 5 2011年1月試験

確定拠出年金の企業型年金では、掛金の運用指図は（ ① ）が行い、その運用に係るリスクは（ ② ）が負う。

1) ① 事業主(企業) ② 事業主(企業)
2) ① 事業主(企業) ② 加入者(従業員)
3) ① 加入者(従業員) ② 加入者(従業員)

解 答 ◯

確定拠出年金では、**加入者自ら**が自己責任で掛金の運用指図(預金や投資信託などの金融商品の選択)を行うため、その運用結果に応じて将来の年金給付額が変動する。

解 答 ✕

確定拠出年金の企業型年金は、規約に定めることにより、**拠出限度額の範囲内**、かつ、**事業主の掛金を超えない範囲内**で、勤務先の企業が拠出した掛金に上乗せして従業員が掛金を**拠出(マッチング拠出)する**ことができる。

解 答 ✕

国民年金の第3号被保険者は、確定拠出年金の個人型年金の**加入者となる**ことができる。

解 答 ◯

国民年金基金に加入している者は、国民年金の付加保険料を**納付することができない**。

解 答 3)

確定拠出年金の企業型年金では、掛金の運用指図は**加入者(従業員)**が行い、その運用に係るリスクは**加入者(従業員)**が負う。

第10節 ライフプランニングの考え方 テキストP.69〜

○×問題

問題 1　2015年1月試験

ライフプランニング上の可処分所得の金額は、一般に、年収から税、社会保険料ならびに生命保険料を控除して求める。

選択問題

問題 2　2013年5月試験

下記の〈資料〉を基にした場合のAさんの本年の可処分所得の金額は、（　　　）である。

〈資料〉　Aさんの本年の収入・支出等

給 与 等	8,000,000円
日 常 生 活 費	4,000,000円
社 会 保 険 料	1,000,000円
生 命 保 険 料	400,000円
所得税・住民税	800,000円

1)　1,800,000円　　2)　5,800,000円　　3)　6,200,000円

★　問題 3　2015年5月試験

利率(年率)2%で複利運用しながら毎年一定額を積み立て、15年後に6,000,000円を準備する場合、毎年の積立金額は、下記〈資料〉の係数を使用して算出すると（　　　）となる。

〈資料〉　利率(年率)2%・期間15年の各種係数

現価係数	資本回収係数	減債基金係数
0.7430	0.0778	0.0578

1)　297,200円　　2)　346,800円　　3)　466,800円

解　答　×

ライフプランニング上の可処分所得の金額は、一般に、年収から**税(所得税・住民税)**、**社会保険料**を控除して求める。

解　答　3)

可処分所得は、給与等(年収)から社会保険料、所得税・住民税を控除して求めるため、下記のとおりとなる。
8,000,000円 − 1,000,000円 − 800,000円 = **6,200,000円**

解　答　2)

利率(年率)2%で複利運用しながら毎年一定額を積み立て、15年後に6,000,000円を準備する場合、毎年の積立金額は、減債基金係数0.0578を使用して算出する。
したがって、毎年の積立金額は、6,000,000円 × 0.0578 = **346,800円**となる。

問題 4　2015年1月試験

元金3,000,000円を、利率(年率)2%で複利運用しながら7年間にわたって毎年均等に取り崩して受け取る場合、毎年の受取金額は、下記の〈資料〉の係数を使用して算出すると(　　　)となる。

〈資料〉　利率(年率)2%・期間7年の各種係数

終価係数	減債基金係数	資本回収係数
1.1487	0.1345	0.1545

1)　403,500円　　　2)　463,500円　　　3)　492,300円

問題 5　2014年9月試験

利率(年率)2%で複利運用しながら、毎年40万円を20年間にわたって受け取る場合に必要な原資は、下記の〈資料〉の係数を使用して算出すれば、(　　　)となる。

〈資料〉　利率(年率)2%・期間20年の各種係数

現価係数	年金終価係数	年金現価係数
0.6730	24.2974	16.3514

1)　5,384,000円　　　2)　6,540,560円　　　3)　9,718,960円

問題 6　2013年1月試験

利率(年率)2%で複利運用しながら10年間にわたって毎年500,000円ずつ積み立てた場合の10年後の元利合計額は、下記の〈資料〉を利用して計算すると、(　　　)となる。

〈資料〉　利率(年率)2%・期間10年の各種係数

終価係数	年金現価係数	年金終価係数
1.2190	8.9826	10.9497

1)　4,491,300円　　　2)　5,474,850円　　　3)　6,095,000円

解 答 2)

元金3,000,000円を、利率(年率)2%で複利運用しながら7年間にわたって毎年均等に取り崩して受け取る場合、毎年の受取金額は、資本回収係数0.1545を使用して算出する。
したがって、毎年の受取金額は、3,000,000円 × 0.1545〔資本回収係数〕 = **463,500円**となる。

解 答 2)

利率(年率)2%で複利運用しながら、毎年40万円を20年間にわたって受け取る場合に必要な原資は、年金現価係数16.3514を使用して算出する。
したがって、必要な原資は、400,000円 × 16.3514〔年金現価係数〕 = **6,540,560円**となる。

解 答 2)

利率(年率)2%で複利運用しながら10年間にわたって毎年500,000円ずつ積み立てた場合の10年後の元利合計額は、年金終価係数10.9497を使用して算出する。
したがって、元利合計額は、500,000円 × 10.9497〔年金終価係数〕 = **5,474,850円**となる。

まとめ

＜資格や登録がない場合に法令違反となる場合＞

税理士	有償無償問わず具体的な税務相談や税務書類の作成
生命保険募集人	生命保険や損害保険の募集や媒介（仲介）
金融商品取引業	具体的な投資判断（時期、数量、投資方法）の助言
弁護士	具体的な法律相談や法律事務
社会保険労務士	報酬を得て行う行政機関等に提出する書類の作成

＜資格や登録がない場合に法令違反とならない場合＞

税理士	セミナーなどにおける一般的な税法の解説など
生命保険募集人	生命保険や損害保険の一般的な解説や保険証券の説明など
金融商品取引業	金融商品に関する過去のデータや資料の提示など
弁護士	民法など法律の一般的な解説など
社会保険労務士	将来支払われる年金額の計算など

＜複利係数の種類とその使い方＞

終 価 係 数	一定金額を複利運用し、一定期間後（将来）いくらになるかを求める際に使う
現 価 係 数	複利運用により目標金額を貯めるために、現在いくらの元本が必要かを求める際に使う
減債基金係数	毎年一定金額を積み立てながら複利運用により目標金額を貯めるために、毎年必要な積立金を求める際に使う
資本回収係数	一定金額を複利運用しながら、将来の一定期間で毎年同額を取り崩す場合、毎年いくら受け取れるかを求める際に使う
年金終価係数	毎年一定金額を積み立てて複利運用した場合、一定期間後（将来）いくらになるかを求める際に使う
年金現価係数	一定金額を複利運用しながら、将来の一定期間で毎年同額を取り崩す場合、現在必要な元本を求める際に使う

＜日本政策金融公庫の教育一般貸付＞

借入限度	350万円（所定の海外留学等の場合は450万円）
返済期間	18年以内
借入条件	世帯年収（所得）が子どもの人数によって定められた金額以内であること

＜日本学生支援機構の貸与型奨学金＞

	返済義務	利息の有無		家計支持者の年収・所得の上限額の有無
		在学中	卒業後	
第一種奨学金	あり	なし	なし	あり
第二種奨学金	あり	なし	あり	あり

＜フラット35＞

融資限度額	8,000万円
繰上返済手数料	無料
金利	固定金利（金融機関により異なる） 融資実行時点の金利が適用

＜元利均等返済方式と元金均等返済方式の比較＞

	元利均等返済方式	元金均等返済方式
毎回の返済額	同じ	減少
返済総額※	多い	少ない

※ 金利・返済回数・借入期間などの条件が同じ場合

＜繰上げ返済（元利均等返済の場合）のイメージ図＞

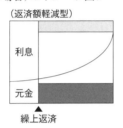

（期間短縮型）　　（返済額軽減型）

利息　元金　繰上返済

＜医療保険の一部負担＞

健康保険・国民健康保険			後期高齢者医療制度
	6歳　　　　70歳	75歳	
2割	3割	2割	1割（または2割）
		現役並み所得者は3割	

＜公的介護保険の被保険者と負担割合等＞

	第1号被保険者	第2号被保険者
年齢	65歳以上	40歳以上65歳未満
負担割合	1割 （一定以上の所得者は2割または3割）	1割
要介護または要支援の原因	問わない	特定疾病に限る

＜傷病手当金＞

支給額	1日につき、支給開始日以前12ヵ月の各標準報酬月額の平均額÷30の2/3
支給期間	支給開始日から通算して1年6ヵ月

<任意継続被保険者>

要　　件	継続して2ヵ月以上、健康保険の被保険者期間であること
手　　続	資格喪失日から20日以内
保　険　料	全額自己負担
継続期間	2年

<雇用保険の各種給付の受給要件>

基　本　手　当	離職の日以前2年間に一般被保険者期間が通算して12ヵ月以上あること
高年齢雇用継続給付	60歳到達時点に比べて、賃金額が75%未満に低下したこと 算定基礎期間に相当する期間が5年以上あること
育　児　休　業　給　付　金	1歳未満(一定の場合には2歳未満)の子を養育するために育児休業をしたこと

<国民年金の強制被保険者>

第1号	日本国内に住所を有する20歳以上60歳未満の者であって、国民年金の第2号被保険者および第3号被保険者のいずれにも該当しない者
第2号	原則として65歳未満の厚生年金の被保険者
第3号	第2号被保険者によって生計を維持している配偶者で20歳以上60歳未満の者

<老齢基礎年金>

受給要件	保険料納付済期間と保険料免除期間の合計が10年以上あること
繰上請求	繰上げ月数に応じて、1ヵ月当たり0.4%※減額
繰下請求	繰下げ月数に応じて、1ヵ月当たり0.7%増額

※　2022年3月31日までに60歳に到達している人は0.5%

<特別支給の老齢厚生年金と老齢厚生年金の受給要件>

特別支給の老齢厚生年金 (60歳以上65歳未満)	老齢厚生年金(65歳以上)
老齢基礎年金の受給資格期間(10年)を満たすこと	
厚生年金保険の被保険者期間1年以上	厚生年金保険の被保険者期間1ヵ月以上

第 2 章

リスク管理

頻出項目ポイント

- **生命保険契約の概略**
  生命保険料の構成、払済保険と延長保険
- **生命保険の種類**
  定期保険、特定疾病保障定期保険特約、
  個人年金保険
- **損害保険の仕組み**
  一部保険と超過保険
- **火災に関する保険**
  火災保険、地震保険
- **自動車に関する保険**
  自賠責保険、人身傷害補償保険
- **ケガに関する保険**
  家族傷害保険、海外旅行傷害保険
- **賠償責任保険**
  個人賠償責任保険、生産物賠償責任保険

○×問題

問題 1　2018年5月試験

国内銀行の窓口で加入した生命保険契約については、生命保険契約者保護機構による補償の対象とならない。

問題 2　2015年5月試験

保険業法では、生命保険募集人は、保険契約の締結に際し、保険契約者または被保険者が保険会社等に対して重要な事実を告げるのを妨げ、または告げないことを勧めてはならないとしている。

問題 3　2015年1月試験

生命保険募集人が、保険契約者または被保険者に対して、保険料の割引、割戻しその他特別の利益の提供を約束する行為は、保険業法により禁止されている。

選択問題

問題 4　2019年5月試験

保険業法上の保険募集において、（　①　）とは、保険募集人が保険契約の勧誘を行い、保険契約の成立は保険会社の承諾による形態を指し、（　②　）とは、保険募集人が承諾をすれば、その保険契約が成立する形態を指す。

1)　①　代理　　②　媒介
2)　①　斡旋　　②　代理
3)　①　媒介　　②　代理

解 答 ✕

国内銀行の窓口で加入した生命保険契約は、国内銀行が生命保険の代理店として販売した生命保険であるため、生命保険契約者保護機構による**補償の対象となる**。

解 答 ◯

なお、生命保険の募集に際し、生命保険募集人が保険契約者等に対して**不実の告知**をすることを勧めた場合、原則として、保険会社は告知義務違反を理由としてその保険契約を**解除することができなくなる**。

解 答 ◯

生命保険募集人が生命保険の募集に際し、顧客が支払うべき保険料を立替払いすることや保険料の割引、割戻しその他**特別の利益の提供を約束する**行為は、保険業法に定められる**禁止行為に該当する**。

解 答 3)

保険業法上の保険募集において、**媒介**とは、保険募集人が保険契約の勧誘を行い、保険契約の成立は保険会社の承諾による形態を指し、**代理**とは、保険募集人が承諾をすれば、その保険契約が成立する形態を指す。

DATE

★ 問題 **5** 2018年1月試験

生命保険契約者保護機構は、生命保険会社が破綻した場合、破綻時点における補償対象契約の（　　　　）の90％（高予定利率契約を除く）まで補償する。

1) 死亡保険金額　　　2) 責任準備金等　　　3) 既払込保険料相当額

DATE

問題 **6** 2017年9月試験

少額短期保険業者が1人の被保険者から引き受ける保険金額の総額は、原則として（　　　）を超えてはならない。

1) 1,000万円　　　2) 1,200万円　　　3) 1,500万円

DATE

★ 問題 **7** 2015年5月試験

ソルベンシー・マージン比率は、保険会社の保険金等の支払余力がどの程度あるかを示す指標であり、この値が（　　　）を下回った場合には、監督当局による早期是正措置の対象となる。

1) 100%　　　2) 200%　　　3) 300%

DATE

★ 問題 **8** 2019年1月試験

生命保険契約を申し込んだ者がその撤回を希望する場合、保険業法上、原則として、契約の申込日または契約の申込みの撤回等に関する事項を記載した書面の交付日のいずれか遅い日を含めて（　①　）以内であれば、（　②　）により申込みの撤回ができる。

1)　①　8日　　　②　書面（電磁的記録を含む）
2)　①　14日　　　②　書面（電磁的記録を含む）
3)　①　14日　　　②　書面（電磁的記録を含む）または口頭

解 答 2)

生命保険契約者保護機構は、生命保険会社が破綻した場合、破綻時点における補償対象契約の**責任準備金等**の90%（高予定利率契約を除く）まで補償する。

解 答 1)

少額短期保険業者が1人の被保険者から引き受ける保険金額の総額は、原則として**1,000万円**を超えてはならない。

解 答 2)

ソルベンシー・マージン比率は、保険会社の保険金等の支払余力がどの程度あるかを示す指標であり、この値が**200%**を下回った場合には、監督当局による早期是正措置の対象となる。

解 答 1)

生命保険契約を申し込んだ者がその撤回を希望する場合、保険業法上、原則として、契約の申込日または契約の申込みの撤回等に関する事項を記載した書面の交付日のいずれか遅い日を含めて**8日**以内であれば、**書面（電磁的記録を含む）**により申込みの撤回ができる。

○×問題

問題 1 2014年5月試験

失効した生命保険契約を復活させる場合、延滞した保険料をまとめて払い込まなければならないが、その際の保険料には復活時の保険料率が適用される。

問題 2 2020年9月試験

定期保険特約付終身保険の保険料の払込みを中止して、払済終身保険に変更した場合、元契約に付加していた入院特約はそのまま継続する。

問題 3 2015年1月試験

現在加入している生命保険契約を、契約転換制度を利用して新たな契約に転換する場合、保険料は転換時の年齢・保険料率により計算される。

選択問題

問題 4 2015年1月試験

生命保険の保険料は、（　　　　）や収支相等の原則に基づき、3つの予定基礎率を用いて算出されている。

1) 大数の法則　　　2) 適合性の原則　　　3) 利得禁止の原則

問題 5 2019年9月試験

生命保険の保険料は、予定死亡率、（　　　）、予定事業費率の3つの予定基礎率に基づいて計算される。

1) 予定利率　　　2) 予定配当率　　　3) 予定生存率

解　答	✕

失効した生命保険契約を復活させる場合、延滞した保険料をまとめて払い込まなければ
ならないが、その際の保険料には**失効前**の保険料率が適用される。

解　答	✕

定期保険特約付終身保険の保険料の払込みを中止して、**払済終身保険に変更**した場合、
元契約に付加していた**入院特約は消滅する**。

解　答	◯

現在加入している生命保険契約を、契約転換制度を利用して新たな契約に転換する場合、
転換前契約時の保険料率が引き続き適用されることはなく、保険料は**転換時**の年齢・保
険料率により計算される。なお、新規の契約と同様に、**告知・診査も必要となる**。

解　答	1)

生命保険の保険料は、**大数の法則**や収支相等の原則に基づき、3つの予定基礎率を用い
て算出されている。

解　答	1)

生命保険の保険料は、予定死亡率、**予定利率**、予定事業費率の3つの予定基礎率に基づ
いて計算される。

★

問題 6　　2015年5月試験

生命保険の契約者が保険会社に払い込む保険料は、主として保険金等を支払うための財源となる（　①　）と、保険会社が保険契約を維持・管理していくための必要経費に充当される（　②　）とに大別できる。

1)　①　標準保険料　　②　事業保険料
2)　①　純保険料　　②　付加保険料
3)　①　死亡保険料　　②　費用保険料

問題 7　　2013年1月試験

生命保険の保険料は純保険料と付加保険料に大別することができるが、このうち付加保険料は（　　）に基づいて算出される。

1)　予定利率　　2)　予定死亡率　　3)　予定事業費率

問題 8　　2014年5月試験

生命保険の保険料のうち、将来の死亡保険金を支払うための財源となる純保険料は、予定死亡率および（　　）に基づいて計算されている。

1)　予定利率　　2)　予定生存率　　3)　予定事業費率

問題 9　　2012年5月試験

生命保険の保険料の計算において、一般に、（　　　）を高く見積もるほど、保険料が低くなる。

1)　予定利率　　2)　予定死亡率　　3)　予定事業費率

問題10　　2010年5月試験

生命保険会社の承諾を前提として、「申込み」、「告知(診査)」、「（　　　　）」の3つが完了したときから、保険会社は契約上の責任を開始することになり、この契約上の責任が開始する日を責任開始期（日）という。

1)　契約確認
2)　第1回保険料（充当金）の払込み
3)　ご契約のしおりの交付

解　答 2)

生命保険の契約者が保険会社に払い込む保険料は、主として保険金等を支払うための財源となる**純保険料**と、保険会社が保険契約を維持・管理していくための必要経費に充当される**付加保険料**とに大別できる。

解　答 3)

生命保険の保険料は純保険料と付加保険料に大別することができるが、このうち付加保険料は**予定事業費率**に基づいて算出される。

解　答 1)

生命保険の保険料のうち、将来の死亡保険金を支払うための財源となる純保険料は、予定死亡率および**予定利率**に基づいて計算されている。

解　答 1)

生命保険の保険料の計算において、一般に、**予定利率を高く見積もるほど、保険料が低**くなる。

解　答 2)

生命保険会社の承諾を前提として、「申込み」、「告知(診査)」、「**第1回保険料(充当金)の払込み**」の3つが完了したときから、保険会社は契約上の責任を開始することになり、この契約上の責任が開始する日を責任開始期(日)という。

DATE

★ **問題11** 2019年1月試験

一般に、現在契約している生命保険の以後の保険料の払込みを中止して、その時点での解約返戻金相当額をもとに、元の契約の保険期間を変えずに、保障額の少ない保険(元の主契約と同じ種類の保険または養老保険)に変更するものを(　　　)という。

1) 延長保険　　2) 継続保険　　3) 払済保険

DATE

★ **問題12** 2018年5月試験

生命保険の保険料の払込みが困難になった場合等で契約を有効に継続するための方法のうち、(　　　)は、保険料の払込みを中止して、その時点での解約返戻金相当額をもとに、保険金額を変えないで、一時払いの定期保険に切り換えるものをいう。

1) 払済保険　　2) 継続保険　　3) 延長保険

DATE

問題13 2009年1月試験

現在加入中である生命保険の保険料の払込みを中止して、払済保険や延長(定期)保険に変更した場合、元の保険契約に付帯している各種特約は(　　　)。

1) 消滅する　　2) 半減されて継続する　　3) そのまま継続する

DATE

問題14 2010年5月試験

保険契約者が、保険契約の解約返戻金の一定範囲内で保険会社から貸付を受ける制度を(　①　)といい、保険料の払込みがなかった場合に保険会社が自動的に保険料を立て替えて契約を有効に継続させる制度を(　②　)という。

1) ①　契約者貸付制度　　②　自動振替貸付制度
2) ①　自動振替貸付制度　　②　払込猶予制度
3) ①　自動振替貸付制度　　②　契約者貸付制度

解 答 3)

一般に、現在契約している生命保険の以後の保険料の払込みを中止して、その時点での解約返戻金相当額をもとに、元の契約の保険期間を変えずに、保障額の少ない保険（元の主契約と同じ種類の保険または養老保険）に変更するものを**払済保険**という。

解 答 3)

生命保険の保険料の払込みが困難になった場合等で契約を有効に継続するための方法のうち、**延長保険**は、保険料の払込みを中止して、その時点での解約返戻金相当額をもとに、保険金額を変えないで、一時払いの定期保険に切り換えるものをいう。

解 答 1)

現在加入中である生命保険の保険料の払込みを中止して、払済保険や延長（定期）保険に変更した場合、元の保険契約に付帯している各種特約は**消滅する**。

解 答 1)

保険契約者が、保険契約の解約返戻金の一定範囲内で保険会社から貸付を受ける制度を**契約者貸付制度**といい、保険料の払込みがなかった場合に保険会社が自動的に保険料を立て替えて契約を有効に継続させる制度を**自動振替貸付制度**という。

第3節 生命保険の種類 テキストP.97〜

○×問題

問題 1 2011年5月試験

定期保険では、被保険者が保険期間中に死亡した場合には死亡保険金が支払われ、被保険者が保険期間終了まで生存した場合には満期保険金が支払われる。

問題 2 2017年5月試験

逓増定期保険では、保険期間の経過に伴い死亡保険金額が所定の割合で増加するが、保険料は保険期間を通じて一定である。

問題 3 2013年1月試験

養老保険は、一般に満期保険金の額と死亡・高度障害保険金の額が同額であり、生死混合保険に分類される。

問題 4 2016年1月試験

一時払終身保険を早期に解約した場合、解約返戻金額が一時払保険料相当額を下回ることがある。

問題 5 2009年1月試験

有期型の変額保険では、契約時に定めた死亡・高度障害保険金額は最低保証されていないが、解約返戻金は最低保証されている。

| 解　答 | ✕ |

定期保険では、被保険者が保険期間中に死亡した場合には死亡保険金が支払われ、被保険者が保険期間終了まで生存した場合には**満期保険金は支払われない**。

| 解　答 | ○ |

逓増定期保険では、保険期間の経過に伴い**死亡保険金額**が所定の割合で**増加**するが、**保険料**は保険期間を通じて**一定**である。

| 解　答 | ○ |

養老保険では、被保険者が保険期間中に死亡した場合には死亡保険金が支払われ、被保険者が保険期間終了まで生存した場合には満期保険金が支払われる。なお、死亡保険金と満期保険金の額は**同額**である。

| 解　答 | ○ |

一時払終身保険を早期に解約した場合、解約返戻金額が一時払保険料相当額を下回ることがある。なお、**解約返戻金**の額は、保険期間の経過に伴って**増額**していく。

| 解　答 | ✕ |

有期型の変額保険では、契約時に定めた**死亡・高度障害保険金額**は最低保証されているが、**解約返戻金**は最低保証されていない。

DATE

★ **問題 6** 2015年5月試験

特定疾病保障定期保険特約では、一般に、被保険者が保険期間中に特定疾病以外の原因により死亡した場合、保険金は支払われない。

DATE

問題 7 2013年5月試験

生命保険契約にリビング・ニーズ特約を付加する場合、特約保険料を別途負担する必要がある。

DATE

問題 8 2014年9月試験

生命保険の災害割増特約では、被保険者が不慮の事故による傷害を直接の原因として、その事故の日から起算して240日以内に死亡または高度障害状態となった場合、災害割増保険金が支払われる。

DATE

問題 9 2013年1月試験

生命保険の傷害特約は、不慮の事故により所定の身体障害状態に該当した場合に障害の程度に応じた障害給付金が支払われる特約であり、不慮の事故による死亡は保障の対象とならない。

DATE

★ **問題10** 2019年9月試験

学資(こども)保険は、保険期間中に契約者が死亡した場合、死亡時点における解約返戻金相当額が支払われて保険契約が消滅する。

選択問題

DATE

★ **問題11** 2015年1月試験

更新型の定期保険の保険金額を、同額で自動更新した場合、通常、更新後の保険料は更新前(　　　)。

1)　よりも高くなる　　2)　と変わらない　　3)　よりも安くなる

解 答 ✕

特定疾病保障定期保険特約では、被保険者が保険期間中に**特定疾病以外**の原因により死亡した場合、**死亡保険金は支払われる**。

解 答 ✕

生命保険契約にリビング・ニーズ特約を付加する場合、特約保険料は**負担する必要はない**。

解 答 ✕

生命保険の災害割増特約では、被保険者が不慮の事故による傷害を直接の原因として、その事故の日から起算して**180日**以内に死亡または高度障害状態となった場合、災害割増保険金が支払われる。

解 答 ✕

生命保険の傷害特約は、不慮の事故による死亡も**保障の対象となる**。

解 答 ✕

学資(こども)保険は、保険期間中に契約者が死亡した場合、一般に、以後の**保険料の払込みが免除**されたうえで**保険契約が継続**し、契約時に定めた**学資祝金や満期祝金が支払われる**。

解 答 **1)**

更新型の定期保険の保険金額を、同額で自動更新した場合、通常、更新後の保険料は更新前よりも**高くなる**。

問題12 2011年1月試験

個人年金保険を年金の受取方法で分類すると、一定期間内に生きている限り年金を受け取れる（ ① ）年金、被保険者の生死に関係なく一定期間内だけ年金を受け取れる（ ② ）年金などがある。

1) ① 確定 ② 有期
2) ① 有期 ② 確定
3) ① 有期 ② 終身

問題13 2020年9月試験

医療保険等に付加される先進医療特約では、（ ）時点において厚生労働大臣により定められている先進医療が対象となる。

1) 申込日 2) 責任開始日 3) 療養を受けた日

問題14 2016年9月試験

特定疾病保障定期保険では、被保険者が、がん・（ ）・脳卒中により所定の状態に該当したとき、特定疾病保険金が支払われる。

1) 急性心筋梗塞 2) 動脈硬化症 3) 糖尿病

問題15 2014年1月試験

リビング・ニーズ特約は、病気やケガの種類を問わず被保険者の余命が（ ）以内と判断された場合に、死亡保険金の一部または全部が生前に支払われるという特約である。

1) 3ヵ月 2) 6ヵ月 3) 1年

問題16 2020年9月試験

変額個人年金保険は、（ ① ）の運用実績に基づいて将来受け取る年金額等が変動するが、一般に、（ ② ）については最低保証がある。

1) ① 特別勘定 ② 死亡給付金額
2) ① 一般勘定 ② 死亡給付金額
3) ① 特別勘定 ② 解約返戻金額

解 答 2)

個人年金保険を年金の受取方法で分類すると、一定期間内に生きている限り年金を受け取れる**有期**年金、被保険者の生死に関係なく一定期間内だけ年金を受け取れる**確定**年金などがある。

解 答 3)

医療保険等に付加される先進医療特約では、**療養を受けた日**時点において厚生労働大臣により定められている先進医療が対象となる。

解 答 1)

特定疾病保障定期保険では、被保険者が、がん・**急性心筋梗塞**・脳卒中により所定の状態に該当したとき、特定疾病保険金が支払われる。

解 答 2)

リビング・ニーズ特約は、病気やケガの種類を問わず被保険者の余命が**6ヵ月**以内と判断された場合に、死亡保険金の一部または全部が生前に支払われるという特約である。

解 答 1)

変額個人年金保険は、**特別勘定**の運用実績に基づいて将来受け取る年金額等が変動するが、一般に、**死亡給付金額**については最低保証がある。

○×問題

問題 1　2014年5月試験

損害保険において、保険会社が損害に対して支払う保険金の限度額を、保険価額という。

★ 問題 2　2018年1月試験

損害保険において、保険金額が保険価額に満たない保険を、一部保険という。

問題 3　2010年5月試験

損害保険の超過保険とは、保険価額が保険金額より大きい保険をいい、利得禁止の原則から、保険契約者の善意・悪意を問わず、超過部分の保険金は支払われない。

選択問題

問題 4　2012年5月試験

損害保険において、（　　　　）とは、保険の対象の評価額を示すものであり、保険事故が生じたときに被保険者が被る損害の最高見積額のことである。

1）保険金額　　2）保険価額　　3）保険の目的

★ 問題 5　2015年5月試験

損害保険において、保険金額が保険価額を下回っている（　①　）の場合に、保険金額の保険価額に対する割合に応じて保険金が削減されて支払われることを（　②　）という。

1）　①　超過保険　　②　実損てん補
2）　①　超過保険　　②　比例てん補
3）　①　一部保険　　②　比例てん補

解　答 ✕

損害保険において、保険会社が損害に対して支払う保険金の限度額を、**保険金額**という。

解　答 ◯

損害保険において、保険金額が保険価額に満たない(保険金額が保険価額より小さい)保険を、**一部保険**という。

解　答 ✕

損害保険の**超過保険**とは、保険金額が保険価額より大きい(保険価額が保険金額より小さい)保険をいい、利得禁止の原則から、保険契約者の善意・悪意を問わず、超過部分の保険金は支払われない。

解　答 2)

損害保険において、**保険価額**とは、保険の対象の評価額を示すものであり、保険事故が生じたときに被保険者が被る損害の最高見積額のことである。

解　答 3)

損害保険において、保険金額が保険価額を下回っている**一部保険**の場合に、保険金額の保険価額に対する割合に応じて保険金が削減されて支払われることを**比例てん補**という。

第2章

第4節　損害保険の仕組み

○✕問題

問題 1　2014年1月試験

火災保険では、突風によって住宅の窓ガラスや屋根が破損し、一定の損害が生じた場合、補償の対象となる。

問題 2　2012年1月試験

地震保険は、居住用建物および家財(生活用動産)を保険の目的とし、地震もしくは噴火またはこれらによる津波を直接または間接の原因とする火災、損壊、埋没または流失による損害を補償する保険である。

選択問題

問題 3　★　2018年1月試験

地震保険は、単独での加入はできず、火災保険とセットで加入する必要があり、地震保険の保険金額は、主契約である火災保険の保険金額の30%から(　　　)の範囲内で設定する。

1)　50%　　　2)　70%　　　3)　90%

問題 4　★　2015年5月試験

地震保険の保険金額は、火災保険等の主契約の保険金額の一定範囲内で定められるが、居住用建物については(　①　)、生活用動産については(　②　)の上限が設けられている。

1)　①　3,000万円　　②　1,500万円
2)　①　3,000万円　　②　1,000万円
3)　①　5,000万円　　②　1,000万円

解 答 ◯

火災保険は、住宅物件の建物とそれに収容される家財を対象としており、**火災・破裂・爆発・風災・ひょう災・雪災・落雷**などによる損害について保険金が支払われる。

解 答 ◯

なお、地震保険は**単独で加入することができない**ため、住宅火災保険または住宅総合保険に付帯して加入することになる。なお、地震保険における保険の対象には、1個または1組の価額が**30万円を超える宝石や美術品等は含まれない**。

解 答 1)

地震保険は、単独での加入はできず、火災保険とセットで加入する必要があり、地震保険の保険金額は、主契約である火災保険の保険金額の30％から**50％**の範囲内で設定する。

解 答 3)

地震保険の保険金額は、火災保険等の主契約の保険金額の一定範囲内で定められるが、居住用建物については**5,000万円**、生活用動産については**1,000万円**の上限が設けられている。

第6節 自動車に関する保険　テキストP.113〜

○×問題

問題 1　2020年9月試験

自動車損害賠償責任保険（自賠責保険）では、対人賠償および対物賠償が補償の対象となる。

問題 2　2015年1月試験

自動車保険の対人賠償保険では、自動車事故により他人を死傷させ、法律上の損害賠償責任を負った場合、自動車損害賠償責任保険（自賠責保険）から支払われる金額を超える部分に対して保険金が支払われる。

問題 3　2013年1月試験

自動車保険の人身傷害補償保険では、被保険者が自動車事故により死亡または傷害を被った場合、保険金額から自身の過失分を差し引いた額が支払われる。

問題 4　2009年1月試験

自動車保険の対物賠償保険では、自動車事故によって被保険者が他人の自動車を破損させた場合のみならず、他人の建物を破損させ、損害賠償責任を負うことによって被る損害についても一定の要件のもとに補償される。

問題 5　2015年5月試験

自動車保険の車両保険（一般条件）では、自宅の敷地内の駐車場で運転操作を誤って自損事故を起こし、被保険自動車が被った損害は、補償の対象とならない。

| 解　答 | ✕ |

自動車損害賠償責任保険(自賠責保険)では、**対人賠償のみ**が補償の対象となり、対物賠償は補償の対象とならない。

| 解　答 | ◯ |

自動車保険の対人賠償保険では、自動車事故により他人を死傷させ、法律上の損害賠償責任を負った場合、**自動車損害賠償責任保険(自賠責保険)から支払われる金額を超える部分**に対して保険金が支払われる。

| 解　答 | ✕ |

自動車保険の人身傷害補償保険では、被保険者が自動車事故により死亡または傷害を被った場合、**自身の過失分を減額せず**に、保険金額の範囲内の**実損害額**が支払われる。

| 解　答 | ◯ |

自動車保険の対物賠償保険では、自動車事故によって被保険者が他人の自動車を破損させた場合のみならず、**他人の建物などを破損**させ、損害賠償責任を負うことによって被る損害についても一定の要件のもとに**補償される**。

| 解　答 | ✕ |

自動車保険の車両保険(一般条件)では、自宅の敷地内の駐車場で運転操作を誤って自損事故を起こし、被保険自動車が被った損害は、**補償の対象となる**。

問題 6　2015年5月試験

自動車損害賠償責任保険（自賠責保険）では、（　　　）を補償の対象としている。

1)　対人賠償事故のみ
2)　対物賠償事故のみ
3)　対人賠償事故および対物賠償事故

問題 7　2014年5月試験

自動車損害賠償責任保険（自賠責保険）における被害者1人当たりの保険金の限度額は、死亡の場合は（　①　）、傷害の場合は（　②　）、後遺障害の場合は75万円から4,000万円である。

1)　①　2,000万円　　②　100万円
2)　①　3,000万円　　②　120万円
3)　①　4,000万円　　②　140万円

問題 8　2013年5月試験

自動車を運行中にハンドル操作を誤ってガードレールに衝突し、運転者がケガを負った場合、（　　　）による補償の対象となる。

1)　自動車損害賠償責任保険
2)　人身傷害（補償）保険
3)　対人賠償保険

解　答 1)

自動車損害賠償責任保険(自賠責保険)では、**対人賠償事故のみ**を補償の対象としている。

解　答 2)

自動車損害賠償責任保険(自賠責保険)における被害者1人当たりの保険金の限度額は、死亡の場合は**3,000万円**、傷害の場合は**120万円**、後遺障害の場合は75万円から4,000万円である。

解　答 2)

自動車を運行中にハンドル操作を誤ってガードレールに衝突し、運転者がケガを負った場合、**人身傷害(補償)保険**による補償の対象となる。

第7節 ケガに関する保険・賠償責任保険 テキストP.115〜

◯✕問題

問題 1 2014年5月試験

普通傷害保険(特約なし)では、被保険者が地震の揺れで転倒してケガをした場合、保険金支払の対象とならない。

★ **問題 2** 2016年5月試験

普通傷害保険は、国内での急激かつ偶然な外来の事故による傷害が補償される保険であり、海外旅行中に発生した同様の事故による傷害は補償の対象とならない。

★ **問題 3** 2012年9月試験

家族傷害保険の被保険者には、被保険者本人(記名被保険者)と生計を共にする別居の未婚の子は含まれない。

★ **問題 4** 2010年9月試験

細菌性の食中毒や地震等によるケガは、海外旅行傷害保険の保険金支払の対象となる。

問題 5 2020年1月試験

海外旅行傷害保険は、国内空港を出発してから国内空港に帰着するまでが対象となるため、住居から国内空港に移動する間に負ったケガは補償の対象とならない。

解　答　◯

普通傷害保険(特約なし)では、日常生活における急激かつ偶然な外来の事故により被った傷害が保険金支払の対象となるが、被保険者が**地震**の揺れで転倒してケガをした場合、**保険金支払の対象とならない。**

解　答　✕

普通傷害保険は、**国内外**での急激かつ偶然な外来の事故による傷害が補償される保険であるため、海外旅行中に発生した同様の事故による傷害も**補償の対象となる。**

解　答　✕

家族傷害保険の被保険者には、被保険者本人(記名被保険者)またはその配偶者と生計を共にする別居の未婚の子も**含まれる。**

解　答　◯

細菌性(ウイルス性)の食中毒や**地震**もしくは**噴火**またはこれらによる**津波**を原因とするケガは、海外旅行傷害保険の保険金支払の**対象となる。**

解　答　✕

海外旅行傷害保険は、海外旅行中(**住居を出発して帰宅するまで**)が対象となるため、住居から国内空港に移動する間に負ったケガや国内空港から住居に帰宅する間に負ったケガも**補償の対象となる。**

問題 6 　2014年1月試験

個人賠償責任保険において、被保険者が自動車の運転によって他人を死傷させ、法律上の損害賠償責任を負った場合、保険金支払の対象となる。

選択問題

問題 7 　2021年5月試験

普通傷害保険(特約付帯なし)において、一般に、(　　　)は補償の対象とならない。

1) 国内旅行中の飲食による細菌性食中毒
2) 海外旅行中の転倒による骨折
3) 料理中に油がはねたことによる火傷

問題 8 　2020年9月試験

個人賠償責任保険(特約)では、被保険者が、(　　　)、法律上の損害賠償責任を負うことによって被る損害は、補償の対象となる。

1) 自動車の運転中、歩行者に接触し、ケガを負わせ
2) 散歩中、首輪の紐を放してしまい、飼い犬が他人を噛んでケガを負わせ
3) 業務中、自転車で歩行者に衝突し、ケガを負わせ

問題 9 　2015年5月試験

レストランを運営する企業が、提供した料理が原因で顧客に食中毒が発生したことによる法律上の賠償責任を負担する場合に被る損害に備えるためには、(　　　)への加入が適している。

1) 施設所有(管理)者賠償責任保険
2) 受託者賠償責任保険
3) 生産物賠償責任保険

解　答　✕

個人賠償責任保険において、被保険者が**自動車の運転**によって他人を死傷させ、法律上の損害賠償責任を負った場合、保険金支払の**対象とならない**。

解　答　1)

普通傷害保険(特約付帯なし)において、一般に、**国内旅行中の飲食による細菌性食中毒**は補償の対象とならない。

解　答　2)

個人賠償責任保険(特約)では、被保険者が、**散歩中、首輪の紐を放してしまい、飼い犬が他人を嚙んでケガを負わせ**、法律上の損害賠償責任を負うことによって被る損害は、補償の対象となる。なお、自動車を運転中の賠償事故、仕事中(業務中)の賠償事故は、補償の対象とならない。

解　答　3)

レストランを運営する企業が、提供した料理が原因で顧客に食中毒が発生したことによる法律上の賠償責任を負担する場合に被る損害に備えるためには、**生産物賠償責任保険**への加入が適している。

第2章

第7節　ケガに関する保険・賠償責任保険

○×問題

問題 1　2018年5月試験

医療保険では、退院後に入院給付金を受け取り、その退院日の翌日から1年経過後に前回と同一の疾病により再入院した場合、入院給付金支払日数は前回の入院日数と合算され、1入院当たりの給付日数制限の適用を受ける。

問題 2　2018年9月試験

がん保険の入院給付金は、通常、1回の入院および通算の支払限度日数が定められている。

選択問題

★ 問題 3　2019年1月試験

がん保険では、一般に、責任開始日前に（　　　　）程度の免責期間が設けられており、この期間中にがんと診断されたとしても診断給付金は支払われない。

1)　30日間　　2)　60日間　　3)　90日間

解　答 ✕

医療保険では、退院後に入院給付金を受け取り、その退院日の翌日から**180日**以内に**前回と同一の疾病により再入院**した場合、入院給付金支払日数は**前回の入院日数と合算**され、1入院当たりの給付日数制限の適用を受ける。したがって、退院日の翌日から1年経過後の再入院であれば、1入院当たりの給付日数制限の計算において前回の入院日数が合算されることはない。

解　答 ✕

がん保険の入院給付金は、通常、1回の入院および通算の**支払限度日数が定められていない**。

解　答 3)

がん保険では、一般に、責任開始日前に**90日間**程度の免責期間が設けられており、この期間中にがんと診断されたとしても診断給付金は支払われない。

まとめ

<生命保険料の構成>

	適用する基礎率	目 的
純 保 険 料	予定死亡率 予定利率	保険金等を支払うための財源
付加保険料	予定事業費率	保険契約を維持・管理するための必要経費に充当

<払済保険と延長保険>

	保険金額	保険期間	共通の特徴
払 済 保 険	減 少	変わらない	保険料の払込を中止し、解約返戻金をもと
延長(定期)保険	変わらない	短 縮	に保険契約を変更する

払済保険

延長(定期)保険

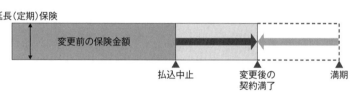

<主な生命保険>

終身保険	・一生涯の保障が続き、死亡または高度障害状態になった場合に保険金が支払われる ・満期保険金はない ・途中で解約した場合には、期間の経過に応じた解約返戻金を受け取ることもできる ・保険料の払込方法には有期型(通常60歳まで)と終身型がある
定期保険	・定められた保険期間中に死亡または高度障害状態になった場合に保険金が支払われる ・満期保険金はない
養老保険	・定められた保険期間中に死亡または高度障害状態になった場合に保険金が支払われる ・満期まで生存していれば、死亡保険金と同額の満期保険金が支払われる

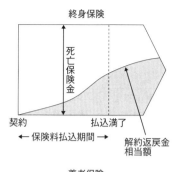

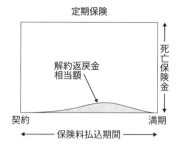

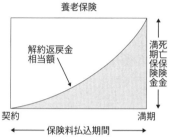

第2章 まとめ

＜個人年金保険の種類＞

有期年金	・契約時に定めた年金受取期間中、被保険者が生存している場合に限り、年金が支払われる ・年金受取期間中に被保険者が死亡した場合、その後の年金の支払いはない
確定年金	・契約時に定めた年金受取期間中、被保険者の生死に関係なく、年金が支払われる ・年金受取期間中に被保険者が死亡した場合、残りの期間に対応する年金または一時金が被保険者の遺族に支払われる
終身年金	・被保険者が生存している限り、一生涯年金が支払われる ・年金受取期間中に被保険者が死亡した場合、その後の年金の支払いはない

＜特定疾病(三大疾病)保障定期保険特約の保険金と支払事由＞

	支　払　事　由
死 亡 保 険 金	死亡原因は問わない
特定疾病保険金	三大疾病(がん・急性心筋梗塞・脳卒中)で所定の状態になった場合

※　特定疾病保険金が支払われると、保険契約は終了するため、その後死亡した場合でも死亡保険金
　は支払われない。

＜一部保険と超過保険＞

一部保険	保険価額が保険金額より大きい(保険金額が保険価額を下回っている)保険契約
超過保険	保険価額が保険金額より小さい(保険金額が保険価額を上回っている)保険契約

＜地震保険＞

対象物件	居住の用に供する建物および生活用動産(家財)に限定 ※　1個または1組の価値が30万円を超える貴金属、宝石、書画、骨董品および 　　通貨、有価証券は、対象とならない
申込方法	火災保険の特約として契約しなければならない(単独での契約は不可)
保険金額	建物、家財ごとに主契約の火災保険金額の30％～50％の範囲内で決定 ・契約限度額　建物　→　5,000万円、家財　→　1,000万円
保 険 料	建物の構造と地域によって異なる

＜自動車損害賠償責任保険(自賠責保険)＞

	相手への賠償	自分への補償
人の死傷	○	×
物の損壊	×	×

＜自動車保険(任意保険)＞

	相手への賠償	自分への補償
人の死傷	対人賠償保険	人身傷害補償保険※
物の損壊	対物賠償保険	車両保険(地震等不可)

※　自己の過失分含む

＜傷害保険＞

補　償　内　容	普通傷害保険	国内旅行傷害保険	海外旅行傷害保険
細菌性(ウイルス性)食中毒	×	○	○
地震、噴火、津波による傷害	×	×	○

＜普通傷害保険では補償されない場合の一例＞

・ジョギングして生じた靴ずれ
・地震、噴火、津波を原因とする傷害
・細菌性(ウイルス性)食中毒
・心筋梗塞により倒れて足を骨折した場合

第3章

金融資産運用

頻出項目ポイント

- **経済活動と景気対策**
  日銀の公開市場操作、インフレとデフレ
- **債券**
  個人向け国債、利回りの計算、デフォルトリスク
- **株式**
  日経平均株価と東証株価指数、
  個別株式の投資指標（PER、PBR、配当利回り）
- **投資信託**
  公社債投資信託と株式投資信託
  投資信託に係るコスト
  投資信託の運用方法
- **外貨建て商品**
  TTS と TTB
- **セーフティーネット**
  預金保険制度

○×問題

問題 1　　2019年1月試験

国内総生産(GDP)は、一定期間内に生産された付加価値の総額を示すものであり、日本企業が外国で生産した付加価値も含まれる。

問題 2　　2009年5月試験

日本のGDPの支出側の項目のうち、最も大きな割合を占めるのは、民間最終消費支出である。

問題 3　　2015年5月試験

景気動向指数は、生産、雇用などさまざまな経済活動での重要かつ景気に敏感に反応する指標の動きを統合することによって、景気の現状把握および将来予測に資するために作成された指標である。

問題 4　　2021年1月試験

全国企業短期経済観測調査(日銀短観)は、企業間で取引されている財に関する物価の変動を測定した指標である。

★ 問題 5　　2015年9月試験

消費者物価指数が継続的に上昇している場合、一般に、経済環境はデフレーションの状態にあると判断される。

解　答 ✕

国内総生産（GDP）は、**日本国内**において一定期間内に生産された付加価値の総額を示すものであるため、日本企業が**外国**で生産した付加価値は含まれない。

解　答 ◯

日本のGDPの支出側の項目のうち、最も大きな割合を占めるのは、**民間最終消費支出**であり、GDPの50％～60％を占めている。

解　答 ◯

一般に、景気動向指数DI（ディフュージョン・インデックス）の一致系列が、継続的に50％を上回っているときは景気拡大局面と判断され、下回っているときには景気後退局面と判断される。また、景気動向指数CI（コンポジット・インデックス）は、景気に敏感な指標の量的な動きを合成した指標であり、主として景気変動の大きさやテンポ（量感）を測定することを目的としており、CIの一致指数が**上昇**しているときは、景気の**拡張**局面といえる。

解　答 ✕

全国企業短期経済観測調査（日銀短観）とは、日本銀行が年4回、景気の現状と先行きについて企業にアンケート調査し、その集計結果等を基に景気全般についての判断を行うものである。なお、企業間で取引されている財に関する物価の変動を測定した指標は、**企業物価指数**である。

解　答 ✕

消費者物価指数が継続的に**上昇**している場合、一般に、経済環境は**インフレーション**の状態にあると判断される。なお、消費者物価指数が継続的に**下落**している場合、一般に、経済環境は**デフレーション**の状態にあると判断される。

第3章

第1節　経済活動と景気対策

DATE

| 問題 6 | 2016年5月試験 |

原油価格などの商品市況や為替相場の影響は、企業物価指数に先行して、消費者物価指数に現れる傾向がある。

DATE ★

| 問題 7 | 2014年5月試験 |

日本銀行による公開市場操作の買いオペレーションは、金融の引締めを目的として行われる。

DATE

| 問題 8 | 2015年1月試験 |

物価が継続的に上昇するインフレーションの経済環境においては、一般に、金利が上昇しやすい。

DATE

| 問題 9 | 2011年5月試験 |

為替が円安・外貨高に進んだ場合、円ベースの輸入価格の上昇要因となる。

選択問題

DATE

| 問題 10 | 2014年9月試験 |

国内の経済活動によって一定期間内に生み出された付加価値の総額である（　　　）は、一般に、その伸び率が国の経済成長率を測る指標として用いられる。

1) GNP（国民総生産）　　2) GDP（国内総生産）　　3) 業況判断DI

解 答 ✕

原油価格などの商品市況や為替相場の影響は、**消費者物価指数**に先行して、**企業物価指数**に現れる傾向がある。

解 答 ✕

日本銀行による公開市場操作の**買いオペレーション**は、金融の**緩和**を目的として行われる。

解 答 ◯

物価が継続的に上昇する**インフレーション**の経済環境においては、消費者は安い価格で早めに購入しようとするため、借入金の需要が**増加**し、金利は**上昇**しやすくなる。

解 答 ◯

為替が**円安・外貨高**に進んだ場合、輸入の際の調達コストが上昇し、円ベースの輸入価格の**上昇**要因となる。

解 答 2)

国内の経済活動によって一定期間内に生み出された付加価値の総額である**GDP（国内総生産）**は、一般に、その伸び率が国の経済成長率を測る指標として用いられる。

問題11　2012年9月試験

日銀短観の（　　　）は、調査対象の企業が、業況について「良い」「さほど良くない」「悪い」の選択肢から回答し、「良い」と回答した企業の割合から「悪い」と回答した企業の割合を差し引いた数値で表される。

1）　景気ウォッチャー調査　　2）　景気動向指数　　3）　業況判断DI

問題12　2014年5月試験

総務省が公表する（　　　）は、全国の世帯が購入する家計に係る財およびサービスの価格等を総合した物価の変動を時系列的に測定するものである。

1）　家計消費指数　　2）　企業物価指数　　3）　消費者物価指数

問題13　2019年9月試験

マネーストック統計は、中央政府や（　①　）を除く経済主体が保有する通貨量の残高を集計したものであり、（　②　）が毎月公表している。

1）　①　地方公共団体　　②　財務省
2）　①　地方公共団体　　②　日本銀行
3）　①　金融機関　　②　日本銀行

問題14　2018年5月試験

日本銀行が売りオペレーションを行うと、市場の資金量が（　①　）することから、市場金利は（　②　）する。

1）　①　減少　　②　上昇
2）　①　増加　　②　低下
3）　①　減少　　②　低下

問題15　2011年5月試験

デフレーション（デフレ）は、物価が持続的に（　①　）する経済現象であり、デフレ下においては、貨幣価値が相対的に（　②　）する。

1）　①　上昇　　②　下落
2）　①　下落　　②　上昇
3）　①　下落　　②　下落

解　答 **3)**

日銀短観の**業況判断DI**は、調査対象の企業が、業況について「良い」「さほど良くない」「悪い」の選択肢から回答し、「良い」と回答した企業の割合から「悪い」と回答した企業の割合を差し引いた数値で表される。

解　答 **3)**

総務省が公表する**消費者物価指数**は、全国の世帯が購入する家計に係る財およびサービスの価格等を総合した物価の変動を時系列的に測定するものである。

解　答 **3)**

マネーストック統計は、中央政府や**金融機関**を除く経済主体が保有する通貨量の残高を集計したものであり、**日本銀行**が毎月公表している。

解　答 **1)**

日本銀行が売りオペレーションを行うと、市場の資金量が**減少**することから、市場金利は**上昇**する。

解　答 **2)**

デフレーション（デフレ）は、物価が持続的に**下落**する経済現象であり、デフレ下においては、貨幣価値が相対的に**上昇**する。

○×問題

問題 1　2017年1月試験

一般に、流通市場で取引されている固定利付債券では、市中金利の上昇に伴い、債券価格が上昇する。

問題 2　2013年5月試験

個人向け国債には、固定金利型10年満期、変動金利型5年満期、変動金利型3年満期の3種類がある。

問題 3　2010年1月試験

個人向け国債には、変動金利型と固定金利型があるが、いずれについても適用利率の下限値は設けられていない。

問題 4　2015年5月試験

個人向け国債の適用利率は、取扱金融機関によって異なる。

問題 5　2019年1月試験

ある債券の信用リスク（デフォルトリスク）が高まった場合、一般に、その債券の価格は下落し、利回りは上昇する。

解　答　✕

一般に、流通市場で取引されている固定利付債券では、市中金利の**上昇**に伴い、債券価格は**下落**する。なお、市中金利の**下落**に伴い、債券価格は**上昇**する。

解　答　✕

個人向け国債には、**変動**金利型10年満期、**固定**金利型5年満期、**固定**金利型3年満期の3種類がある。

解　答　✕

個人向け国債には、変動金利型と固定金利型があるが、いずれについても適用利率の下限値(**0.05%**)は設けられている。

解　答　✕

個人向け国債の適用利率は、**取扱金融機関によって異ならない。**

解　答　〇

ある債券の信用リスク(デフォルトリスク)が高まった場合、一般に、その債券の価格は**下落**し、利回りは**上昇**する。

選択問題

問題 6　2014年1月試験

3,000,000円を年利2%（1年複利）で3年間運用した場合の元利合計金額は、手数料や税金等を考慮しない場合、（　　　）である。

1)　3,121,200円　　　2)　3,180,000円　　　3)　3,183,624円

問題 7　2014年5月試験

表面利率（クーポンレート）1%、残存期間4年の固定利付債券を、額面100円当たり98円で購入した場合の単利最終利回りは、（　　　）である。なお、答は表示単位の小数点以下第3位を四捨五入している。

1)　1.53%　　　2)　2.50%　　　3)　4.50%

問題 8　2021年1月試験

表面利率（クーポンレート）2%、残存期間5年の固定利付債券を額面100円当たり103円で購入し、2年後に額面100円当たり102円で売却した場合の所有期間利回り（年率・単利）は、（　　　）である。なお、税金や手数料等は考慮しないものとし、答は表示単位の小数点以下第3位を四捨五入している。

1)　0.97%　　　2)　1.46%　　　3)　2.91%

問題 9　2009年9月試験

市場で取引されている固定利付債券は、一般に、市場金利の水準の変動により、債券価格が上がると利回りは（　①　）、債券価格が下がると利回りは（　②　）。

1)　①　上昇し　　　②　低下する
2)　①　低下し　　　②　上昇する
3)　①　変わらず　　②　変わらない

解 答 **3)**

3,000,000円を年利2％（1年複利）で3年間運用した場合の元利合計金額は、手数料や税金等を考慮しない場合、**3,183,624円**である。

3,000,000円×1.02×1.02×1.02＝3,183,624円

解 答 **1)**

表面利率（クーポンレート）1％、残存期間4年の固定利付債券を、額面100円当たり98円で購入した場合の単利最終利回りは、**1.53％**である。

$$\frac{1円+\dfrac{100円-98円}{4年}}{98円}\times100≒1.53％（小数点以下第3位四捨五入）$$

解 答 **2)**

表面利率（クーポンレート）2％、残存期間5年の固定利付債券を、額面100円当たり103円で購入し、2年後に額面100円当たり102円で売却した場合の所有期間利回り（年率・単利）は、**1.46％**である。

$$\frac{2円+\dfrac{102円-103円}{2年}}{103円}\times100＝1.46％（小数点以下第3位四捨五入）$$

解 答 **2)**

市場で取引されている固定利付債券は、一般に、市場金利の水準の変動により、債券価格が上がると利回りは**低下**し、債券価格が下がると利回りは**上昇**する。

問題10 2018年1月試験

債券の信用格付とは、格付機関(信用格付業者)が、当該債券の信用評価の結果を記号等で示したものであり、一般に、(　　)格相当以上の格付が付されていれば、投資適格債券とされる。

1)　シングルB　　2)　トリプルB　　3)　トリプルC

★ **問題11** 2012年5月試験

残存期間や表面利率等の他の条件が同一であれば、通常、高い信用格付を付された債券は、低い信用格付を付された債券に比べて(　①　)が高く、(　②　)が低い。

1)　①　信用リスク　　②　債券価格
2)　①　利回り　　　　②　債券価格
3)　①　債券価格　　　②　利回り

問題12 2014年1月試験

ある債券の信用リスク(デフォルトリスク)が高まった場合、一般に、その債券の価格は(　①　)し、利回りは(　②　)する。

1)　①　上昇　　②　下落
2)　①　下落　　②　下落
3)　①　下落　　②　上昇

問題13 2007年9月試験

個人向け国債は、原則として、発行後(　　)経過すれば、国に対して買い取りを請求することができる。

1)　6ヵ月　　2)　1年　　3)　2年

問題14 2012年5月試験

変動金利型10年満期の個人向け国債の適用金利は、(　　)ごとに見直される。

1)　6ヵ月　　2)　1年　　3)　2年

解 答 2)

債券の信用格付とは、格付機関(信用格付業者)が、当該債券の信用評価の結果を記号等で示したものであり、一般に、**トリプルB**格相当以上の格付が付されていれば、投資適格債券とされる。

解 答 3)

残存期間や表面利率等の他の条件が同一であれば、通常、高い信用格付を付された債券は、低い信用格付を付された債券に比べて**債券価格**が高く、**利回り**が低い。

解 答 3)

ある債券の信用リスク(デフォルトリスク)が高まった場合、一般に、その債券の価格は**下落**し、利回りは**上昇**する。

解 答 2)

個人向け国債は、原則として、発行後**1年**経過すれば、国に対して買い取りを請求することができる。

解 答 1)

変動金利型10年満期の個人向け国債の適用金利は、**6ヵ月**ごとに見直される。

第3節 株　式

○×問題

問題 1　2016年1月試験

株式の投資指標の1つであるPERは、株価を1株当たり純資産で除して求められ、その株価の水準が割高かあるいは割安かを判断する指標として用いられる。

問題 2　2008年1月試験

一般に、PERやPBRは高ければ高いほど、その株式の株価は割安であるといえる。

問題 3　2018年1月試験

株式投資に関する評価指標の1つである配当性向は、株価に対する1株当たりの配当金の割合を示す指標である。

問題 4　2019年1月試験

証券取引所での株式の売買において、ある銘柄の株式に価格の異なる複数の買い指値注文がある場合は、指値の低い注文から優先して売買が成立する。

選択問題

問題 5　2021年5月試験

東京証券取引所プライム市場に上場する代表的な225銘柄を対象として算出される株価指標は、（　　　　）である。

1）　ナスダック総合指数　　2）　日経平均株価　　3）　東証株価指数

解　答　✕

株式の投資指標の1つである**PER**は、**株価**を1株当たり**純利益**で除して求められ、その株価の水準が割高かあるいは割安かを判断する指標として用いられる。なお、**PBR**は、**株価**を1株当たり**純資産**で除して求められる。

解　答　✕

一般に、PERやPBRは高ければ高いほど、その株式の株価は**割高**であるといえる。

解　答　✕

株価に対する1株当たりの配当金の割合を示す指標は、配当性向ではなく、**配当利回り**である。なお、配当性向とは、当期純利益に対する年間配当金の割合を示す指標である。

解　答　✕

証券取引所での株式の売買において、ある銘柄の株式に価格の異なる複数の**買い**指値注文がある場合は、指値の**高い**注文から優先して売買が成立する。なお、価格の異なる複数の**売り**指値注文がある場合は、指値の**低い**注文から優先して売買が成立する。

解　答　**2)**

東京証券取引所プライム市場に上場する代表的な225銘柄を対象として算出される株価指標は、**日経平均株価**である。

第3章

第3節　株式

問題 6 2014年9月試験

株式投資において、株価が割安か割高かを判断する指標の1つである（　　　）は、株価を1株当たり純利益で除して求められる。

1）　PER　　2）　PBR　　3）　ROE

問題 7 2014年1月試験

株式の投資指標の1つであるPBRは、株価を1株当たり（　　　）で除して求められ、一般に、株価が相対的に割高であるか割安であるかの判断に用いられる。

1）　純利益　　2）　純資産　　3）　配当金

問題 8 2013年5月試験

株式の配当利回りは、1株当たり年間配当金を（　　　）で除して算出する。

1）　株価　　2）　純資産　　3）　当期純利益

問題 9 2020年9月試験

会社が自己資本をいかに効率よく活用して利益を上げているかを判断する指標として用いられる（　　　）は、当期純利益を自己資本で除して求められる。

1）　PBR　　2）　ROE　　3）　PER

問題10 2015年9月試験

国内の金融商品取引所において、上場株式を普通取引で売買した場合、売買が成立した日から起算して（　　　）営業日目に受渡しが行われる。

1）　2　　2）　3　　3）　4

解 答 1)

株式投資において、株価が割安か割高かを判断する指標の1つである**PER**は、株価を1株当たり純利益で除して求められる。

解 答 2)

株式の投資指標の1つであるPBRは、株価を1株当たり**純資産**で除して求められ、一般に、株価が相対的に割高であるか割安であるかの判断に用いられる。

解 答 1)

株式の配当利回りは、1株当たり年間配当金を**株価**で除して算出する。

解 答 2)

会社が自己資本をいかに効率よく活用して利益を上げているかを判断する指標として用いられる**ROE**は、当期純利益を自己資本で除して求められる。

解 答 2)

国内の金融商品取引所において、上場株式を普通取引で売買した場合、売買が成立した日から起算して**3**営業日目に受渡しが行われる。

第3章

第3節 株式

○×問題

問題 1　2021年5月試験

公社債投資信託は、投資対象に株式をいっさい組み入れることができない。

問題 2　2019年5月試験

投資信託約款に株式を組み入れることができる旨の記載がある証券投資信託は、株式をいっさい組み入れていなくても株式投資信託に分類される。

問題 3　2021年1月試験

投資信託におけるパッシブ運用は、経済環境や金利動向などを踏まえ、ベンチマークを上回る運用成果を目指す運用手法である。

問題 4　2014年9月試験

上場不動産投資信託(J-REIT)は、上場株式と同様に証券取引所を通じて取引され、成行や指値による注文も可能である。

問題 5　2015年5月試験

追加型の国内公募株式投資信託の収益分配金のうち、元本払戻金(特別分配金)は非課税となる。

解 答 ◯

公社債投資信託は、運用対象が**公社債等に限定**されており、**株式を組み入れることができない**証券投資信託である。

解 答 ◯

投資信託約款に株式を組み入れることができる旨の記載がある証券投資信託は、株式をいっさい組み入れていなくても**株式投資信託**に分類される。

解 答 ✕

投資信託におけるパッシブ運用は、経済環境や金利動向などを踏まえ、**ベンチマークに連動する**運用成果を目指す運用手法である。

解 答 ◯

なお、上場不動産投資信託(J-REIT)は、いわゆる**会社型**の不動産投資信託であり、投資家から集めた資金を、オフィスビルやマンション等の収益性の見込まれる不動産に投資・運用して、賃料収入、譲渡益等を投資家に配当する仕組みである。

解 答 ◯

追加型の国内公募株式投資信託の収益分配金のうち、**普通分配金は課税**されるが、**元本払戻金(特別分配金)は非課税**となる。

第3章

第4節 投資信託

★ **問題 6**　2020年1月試験

投資信託の運用管理費用(信託報酬)は、投資信託を購入する際に年間分を前払いで支払う必要がある。

問題 7　2012年9月試験

外貨建てMMFの投資対象は、高い信用格付が付された外国企業の株式や社債が中心となっている。

問題 8　2015年5月試験

円貨を用いて外貨建てMMFを購入する際には、購入時手数料および為替手数料を負担する必要がある。

問題 9　2015年1月試験

外貨建てMMFは、毎月決算が行われ、毎年末に分配金がまとめて再投資される。

選択問題

★ **問題10**　2018年9月試験

投資信託の運用管理費用(信託報酬)は、信託財産から差し引かれる費用であり、(　　　)が間接的に負担する。

1)　販売会社　　2)　受益者(投資家)　　3)　投資信託委託会社

★ **問題11**　2011年1月試験

証券投資信託のコストのうち、解約時に換金代金から控除される(　　　)は、組入証券等の換金に係る費用等を解約する投資家に負担させ、受益者間の公平性を保とうとするものである。

1)　管理報酬　　2)　信託報酬(運用管理費用)　　3)　信託財産留保額

解　答　✕

投資信託の運用管理費用(信託報酬)は、信託財産から**日々**差し引かれる費用であり、基準価額に反映される。

解　答　✕

外貨建てMMFは、**公社債投資信託**のひとつであり、その投資対象は、高い信用格付が付された外国の短期**公社債**が中心となっている。

解　答　✕

円貨を用いて外貨建てMMFを購入する際には、**為替手数料を負担する必要がある**が、通常、**購入時手数料の負担は必要ない**。

解　答　✕

外貨建てMMFは、**毎日**決算が行われ、**毎月末**に分配金がまとめて再投資される。

解　答　2)

投資信託の運用管理費用(信託報酬)は、信託財産から差し引かれる費用であり、**受益者(投資家)**が間接的に負担する。

解　答　3)

証券投資信託のコストのうち、解約時に換金代金から控除される**信託財産留保額**は、組入証券等の換金に係る費用等を解約する投資家に負担させ、受益者間の公平性を保とうとするものである。

DATE

★ **問題12** 2011年5月試験

投資信託の運用手法のうち、(①)運用は、特定の指標を上回るリターンを目指す手法をいい、(②)運用は、特定の指標に連動するように運用する手法をいう。

1) ① アクティブ ② パッシブ
2) ① ボトムアップ ② パッシブ
3) ① ボトムアップ ② トップダウン

DATE

★ **問題13** 2009年9月試験

投資信託における運用において、経済全体のさまざまな環境要因を分析し、業種別組入比率を決め、そこに組み入れる個別銘柄の選定を行う手法を、( )という。

1) パッシブ運用
2) トップダウン・アプローチ
3) ボトムアップ・アプローチ

DATE

★ **問題14** 2021年5月試験

投資信託において、企業の将来の売上高や利益の伸び率が市場平均よりも高いなど、成長性があると思われる銘柄に投資する運用手法を、( )という。

1) グロース運用
2) バリュー運用
3) トップダウン・アプローチ

解　答　1)

投資信託の運用手法のうち、**アクティブ**運用は、特定の指標を上回るリターンを目指す手法をいい、**パッシブ**運用は、特定の指標に連動するように運用する手法をいう。

解　答　2)

投資信託における運用において、経済全体のさまざまな環境要因を分析し、業種別組入比率を決め、そこに組み入れる個別銘柄の選定を行う手法を、**トップダウン・アプローチ**という。

解　答　1)

投資信託において、企業の将来の売上高や利益の伸び率が市場平均よりも高いなど、成長性があると思われる銘柄に投資する運用手法を、**グロース運用**という。

第3章

第4節　投資信託

○×問題

問題 1 2021年1月試験

外貨預金の預入時に、預金者が円貨を外貨に換える際に適用される為替レートは、預入金融機関が提示するTTBである。

問題 2 2014年5月試験

2つの異なる資産に投資するポートフォリオにおいて、資産間の相関係数が1であるとき、ポートフォリオのリスク低減効果が最も大きくなる。

選択問題

問題 3 2019年5月試験

外貨預金の払戻し時において、預金者が外貨を円貨に換える場合に適用される為替レートは、預入金融機関が提示する（　　　）である。

1) TTS　　2) TTM　　3) TTB

問題 4 2012年9月試験

国内の銀行に預入していた米ドル建預金の元利金10,080ドル（税引後）を円貨に換えて受け取る場合、下記の為替レートによるとすれば、円貨での受取金額は（　　　）となる。

TTS	仲値	TTB
121円	120円	119円

1) 1,199,520円　　2) 1,209,600円　　3) 1,219,680円

解 答 ×

外貨預金の**預入時**に、預金者が円貨を外貨に換える際に適用される為替レートは、預入金融機関が提示する**TTS**である。

解 答 ×

2つの異なる資産に投資するポートフォリオにおいて、資産間の相関係数が**−1**であるとき、ポートフォリオのリスク低減効果が最も**大きく**なる。なお、資産間の相関係数が**1**であるとき、ポートフォリオのリスク低減効果が最も**小さく**なる。

解 答 3)

外貨預金の払戻し時において、預金者が外貨を円貨に換える場合に適用される為替レートは、預入金融機関が提示する**TTB**である。

解 答 1)

外貨を円貨に換えて受け取る場合、TTBレートが適用される。
10,080ドル×119円 = **1,199,520円**

問題 5　2011年5月試験

外貨預金において、預入時に比べて満期時の為替が（　①　）となっていた場合には、（　②　）が発生する。なお、手数料等は考慮しない。

1)　①　円安・外貨高　　②　為替差益
2)　①　円高・外貨安　　②　為替差益
3)　①　円安・外貨高　　②　為替差損

問題 6　2009年1月試験

米ドル建外貨預金の満期日の為替相場が、円からドルへの預入れ時の為替相場と比較して（　　　）になっていると、円ベースでの利回りがマイナスになる可能性がある。

1)　円高　　2)　円安　　3)　ドル高

★ 問題 7　2018年1月試験

2資産で構成されるポートフォリオにおいて、2資産間の相関係数が（　①　）である場合、両資産が（　②　）値動きをするため、理論上、分散投資によるリスク低減効果を得ることができない。

1)　①　−1　　②　逆の
2)　①　0　　②　逆の
3)　①　+1　　②　同じ

問題 8　2014年5月試験

デリバティブ取引において、株式などの原資産を特定の価格(権利行使価格)で売る権利のことを（　　　）・オプションという。

1)　コール　　2)　プット　　3)　カラー

解 答 1)

外貨預金において、預入時に比べて満期時の為替が**円安・外貨高**となっていた場合には、**為替差益**が発生する。なお、円高・外貨安となっていた場合には、為替差損が発生する。

解 答 1)

米ドル建外貨預金の満期日の為替相場が、円からドルへの預入れ時の為替相場と比較して**円高**になっていると、為替差損が発生するため、円ベースでの利回りがマイナスになる可能性がある。

解 答 3)

2資産で構成されるポートフォリオにおいて、2資産間の相関係数が＋1である場合、両資産が**同じ**値動きをするため、理論上、分散投資によるリスク低減効果を得ることができない。

解 答 2)

デリバティブ取引において、株式などの原資産を特定の価格（権利行使価格）で売る権利のことを**プット・オプション**という。なお、買う権利のことは**コール・オプション**という。

○✕問題

問題 1　2014年1月試験

無利息・要求払い・決済サービスを提供できる、という3つの条件を満たす決済用預金は、その全額が預金保険制度による預金保護の対象となる。

問題 2　2011年9月試験

日本国内に本店のある銀行が取り扱う外貨預金は、元本の円貨換算額1,000万円までとその利息等の合計額が預金保険制度の保護の対象となる。

問題 3　2015年1月試験

金融サービスの提供に関する法律(金融サービス提供法)によれば、金融商品販売業者等は、顧客に対し同法に定める重要事項の説明をしなければならない場合において当該説明をしなかったときは、それによって生じた顧客の損害を賠償しなければならない。

問題 4　2008年1月試験

事業者が、元本割れをする可能性がある金融商品であるにもかかわらず、必ず利益を得ることができるといって勧誘し、消費者がそのことを誤認して契約した場合、消費者は消費者契約法に基づいてその契約を取り消すことができる。

選択問題

問題 5　2019年9月試験

預金保険制度の対象金融機関に預け入れた(　　　)は、預入金額の多寡にかかわらず、その全額が預金保険制度による保護の対象となる。

1)　定期積金　　2)　決済用預金　　3)　大口定期預金

解　答　○

利息がつかないこと（無利息）、預金者が払戻しをいつでも請求できること（要求払い）、決済サービスを提供できること、という3つの条件を満たす決済用預金は、その**全額**が預金保険制度による預金保護の対象となる。

解　答　✕

外貨預金は、預金保険制度の**保護の対象とならない**。

解　答　○

金融サービスの提供に関する法律（金融サービス提供法）では、金融商品販売業者等が金融商品の販売等に際し、顧客に対して重要事項の説明をしなかったこと、または断定的判断の提供等を行ったことにより、当該顧客に損害が生じた場合の金融商品販売業者等の**損害賠償責任**について定められている。

解　答　○

消費者契約法は、消費者と事業者との間で交わされる契約を対象としており、事業者から消費者に対して、一定の不当な勧誘や誤認させたり困惑をさせる行為があったときには、消費者に当該**契約の取消し**を認めている。

解　答　2)

預金保険制度の対象金融機関に預け入れた**決済用預金**は、預入金額の多寡にかかわらず、その全額が預金保険制度による保護の対象となる。

問題 6 2008年1月試験

預金保険機構により全額保護される決済用預金とは(　　　)という条件をすべて満たす預金のことである。

1) 無利息、要求払い、決済サービスを提供できる
2) 低利息、満期日一括支払
3) 無利息、満期日一括支払、決済サービスを提供できる

問題 7 2015年1月試験

預金保険による保護の対象となる預金等のうち、定期預金などの一般預金等については、1金融機関ごとに預金者1人当たり元本(　　　)までとその利息等が保護される。

1) 1,000万円　　2) 2,000万円　　3) 3,000万円

問題 8 2013年5月試験

預金保険制度において、預金保険の支払の対象とならない預金等に(　　　)がある。

1) 外貨預金　　2) 当座預金　　3) 通知預金

問題 9 2020年9月試験

日本投資者保護基金は、会員である金融商品取引業者が破綻し、分別管理の義務に違反したことによって、一般顧客から預託を受けていた有価証券・金銭を返還することができない場合、一定の範囲の取引を対象に一般顧客1人につき(　　　)を上限に金銭による補償を行う。

1) 500万円　　2) 1,000万円　　3) 2,000万円

解答 1)

預金保険機構により全額保護される決済用預金とは**無利息、要求払い、決済サービスを提供できる**という条件をすべて満たす預金のことである。

解答 1)

預金保険による保護の対象となる預金等のうち、定期預金などの一般預金等については、1金融機関ごとに預金者1人当たり元本**1,000万円**までとその利息等が保護される。

解答 1)

預金保険制度において、預金保険の支払の対象とならない預金等に**外貨預金**がある。

解答 2)

日本投資者保護基金は、会員である金融商品取引業者が破綻し、分別管理の義務に違反したことによって、一般顧客から預託を受けていた有価証券・金銭を返還することができない場合、一定の範囲の取引を対象に一般顧客1人につき**1,000万円**を上限に金銭による補償を行う。

第3章

第6節 預金保険制度など

まとめ

<主な経済指標>

	内　　　容	所　管
国 内 総 生 産（GDP）	一定期間に国内で生産された財やサービスなどの付加価値の総額（民間最終消費支出が最も大きな割合を占める）	内 閣 府
景 気 動 向 指 数	生産や雇用など、さまざまな経済活動での重要かつ景気に敏感な指標の動きを統合することによって、景気の現状把握および将来予測に資するために作成された統合的な景気指標	
日 銀 短 観	日本銀行が景気の現状や先行きの見通しなどについて企業に直接行うアンケート調査（業況判断DIなど）	日本銀行
企 業 物 価 指 数	企業間や貿易で取引される商品（サービスを除く）の価格変動を表したもの	
消費者物価指数	一般消費者が購入する商品やサービス価格の動向を調査した指数	総 務 省

<公開市場操作>

	実施時期	目　的	内　　　容	金　利
売りオペ	好況期	金融引締	日本銀行が保有する債券等を民間金融機関に売却し、市中から資金を吸収する	上昇要因
買いオペ	不況期	金融緩和	民間金融機関の保有する債券等を日本銀行が買い取り、市場へ資金を供給する	下落要因

<信用リスク>

格付け(S&Pの場合)		適否分析	債券価格	信用リスク・利回り
高	AAA	投資適格債	高	低
	AA			
	A			
	BBB			
	BB	投機的債券		
	B			
	CCC			
	CC			
	C			
低	D		低	高

＜個人向け国債＞

	10年満期	5年満期	3年満期
利　率	変動	固定	固定
最低金利	0.05%		
中途換金	1年を経過すれば、いつでも額面で中途換金可能 （中途換金調整額が控除される）		

＜株式市場全体の個別指標＞

日経平均株価	東京証券取引所プライム市場に上場する代表的な225銘柄を対象とした株価指標
東証株価指数 （TOPIX）	東京証券取引所に上場している銘柄のうち、流通株式時価総額100億円以上など一定の要件を満たす銘柄の時価総額を基準とした株価指標

＜株式の個別指標＞

株価純資産倍率（PBR）	株価÷1株当たり純資産（自己資本）	数値が高ければ割高
株価収益率（PER）	株価÷1株当たり当期純利益	
自己資本利益率（ROE）	当期純利益÷自己資本×100	
配当利回り	1株当たり配当金÷株価×100	

＜投資信託に係る費用＞

販売手数料	投資信託を購入する際にかかる費用
信託報酬	ファンドの運用や管理の対価として信託財産のなかから日々差し引かれる
信託財産留保額	組入証券等の換金に係る費用等を解約する投資家に負担させ、受益者間の公平性を保とうとするものであり、解約時に換金代金から控除される

第3章

まとめ

＜投資信託の分類＞

○運用対象

公 社 債 投 資 信 託	株式の組入れがいっさい認められていない証券投資信託
株 式 投 資 信 託	株式の組入れができる証券投資信託

○追加設定の有無

追加型（オープン型）	いつでも購入できるタイプ
単位型（ユニット型）	購入は募集期間のみに限られるタイプ

○運用スタイル

パ ッ シ ブ 運 用 （インデックス運用）	あらかじめ投資対象の目安となる指標（ベンチマーク）を決め、そのベンチマークに連動することを目指す運用スタイル
ア ク テ ィ ブ 運 用	あらかじめ投資対象の目安となる指標（ベンチマーク）を決め、ベンチマーク以上の収益の獲得を目指す運用スタイル

○運用手法

トップダウン・アプローチ	経済環境などのマクロ的な分析によって国別組入比率や業種別組入比率などを決定し、その比率の範囲内で組み入れる銘柄を決めていく運用手法
ボトムアップ・アプローチ	個別企業の調査・分析に基づいて企業の将来性などを判断し、投資判断をする運用手法

＜預金保険制度＞

預金の種類	保護される範囲
決済用預金 （当座預金、利子の付かない普通預金）	全額
普通預金、定期預金など	元本1,000万円とその利子
外貨預金	一切保護されない

第4章

タックスプランニング

頻出項目ポイント

・**税金の分類**
　国税と地方税、直接税と間接税
・**所得税の仕組み**
　超過累進税率
・**各種所得の内容**
　給与所得、退職所得、譲渡所得、一時所得
・**課税標準の計算**
　損益通算
・**所得控除**
　医療費控除、社会保険料控除、生命保険料控除
　配偶者控除、配偶者特別控除、扶養控除、基礎控除
・**税額控除**
　住宅借入金等特別税額控除
・**確定申告**
　青色申告制度

第1節 税金の分類と計算体系 テキストP.187〜

○×問題

DATE
/ /
/ /
/ /

問題 1 2014年5月試験

税は直接税と間接税に区分することができるが、消費税は間接税である。

DATE
/ /
/ /
/ /

問題 2 2014年1月試験

税金は国税と地方税に区分できるが、所得税は国税であり、法人税は地方税である。

DATE
/ /
/ /
/ /

問題 3 2020年1月試験

所得税においては、原則として、超過累進税率が採用されており、課税所得金額が多くなるに従って税率が高くなる。

選択問題

DATE
/ /
/ /
/ /

問題 4 2021年1月試験

税金には国税と地方税があるが、(　　　)は地方税に該当する。

1) 相続税 　　2) 登録免許税 　　3) 固定資産税

DATE
/ /
/ /
/ /

問題 5 2009年1月試験

税金を国税と地方税に区分すると、(　①　)は国税であり、(　②　)は地方税である。

1) ① 法人税 　　　② 事業税
2) ① 不動産取得税 　② 登録免許税
3) ① 固定資産税 　　② 印紙税

解　答　○

税は直接税と間接税に区分することができるが、消費税や酒税は**間接税**である。

解　答　×

税金は国税と地方税に区分できるが、所得税は**国税**であり、法人税も**国税**である。

解　答　○

所得税においては、原則として、**超過累進税率**が採用されており、課税所得金額が多くなるに従って税率が高くなる。

解　答　3)

税金には国税と地方税があるが、**固定資産税**は地方税に該当する。

解　答　1)

税金を国税と地方税に区分すると、**法人税**は国税であり、**事業税**は地方税である。
なお、登録免許税・印紙税は国税、不動産取得税・固定資産税は地方税である。

○×問題

問題 1　2011年5月試験

所得税は、原則として、毎年4月1日から翌年3月31日までの期間に生じた個人の所得に対して課される。

問題 2　2021年5月試験

所得税において源泉分離課税の対象となる所得については、他の所得金額と合計せず、分離して税額を計算し、確定申告によりその税額を納める。

選択問題

問題 3　2020年9月試験

課税総所得金額250万円に対する所得税額（復興特別所得税額を含まない）は、下記の＜資料＞を使用して算出すると、（　　　　）である。

〈資料〉　所得税の速算表（一部抜粋）

課税総所得金額	税率	控除額
195万円以下	5%	0円
195万円超330万円以下	10%	97,500円

1)　97,500円　　　2)　152,500円　　　3)　250,000円

問題 4　2010年1月試験

所得税は、納税者自身が1暦年間の所得金額と、それに応じた所得税額を計算のうえ、確定申告を行い、その申告に基づき自主的に納付する（　　　　）方式を基本としている。

1)　源泉分離課税　　　2)　申告納税　　　3)　予定納税

解答 ✕

所得税は、原則として、毎年**1月1日**から**12月31日**までの期間に生じた個人の所得に対して課される。

解答 ✕

所得税において源泉分離課税の対象となる所得については、源泉徴収の段階で納税が完了するため、**確定申告をする必要はない**。

解答 2)

課税総所得金額250万円に対する所得税額(復興特別所得税額を含まない)は、次のとおりとなる。

2,500,000円×10％ − 97,500円 = **152,500円**

解答 2)

所得税は、納税者自身が1暦年間の所得金額と、それに応じた所得税額を計算のうえ、確定申告を行い、その申告に基づき自主的に納付する**申告納税**方式を基本としている。

○×問題

問題 1　2018年1月試験 ★

国債や地方債などの特定公社債の利子は、所得税において、申告分離課税の対象となる。

問題 2　2020年9月試験

個人が受け取った非上場株式の配当については、その金額の多寡にかかわらず、所得税の確定申告不要制度を選択することはできない。

問題 3　2017年9月試験

個人の株主(発行済株式総数の3％以上を有する大口株主を除く)が受ける上場株式等に係る配当等は、その金額の多寡にかかわらず、所得税の確定申告不要制度を選択することができる。

問題 4　2020年1月試験

所得税において、事業的規模で行われている賃貸マンションの貸付による所得は、不動産所得となる。

問題 5　2019年5月試験

不動産の賃貸に伴い受け取った敷金のうち、不動産の貸付期間が終了した際に賃借人に返還を要するものは、受け取った年分の不動産所得の金額の計算上、総収入金額には算入しない。

解　答　○

国債や地方債などの特定公社債の利子は、所得税において、**申告分離課税**の対象となる。

解　答　✕

個人が受け取った**非上場株式**の配当については、1回に支払いを受ける配当等が**10万円以下**である場合には、**確定申告不要制度**を選択することができる。

解　答　○

個人の株主（発行済株式総数の3％以上を有する大口株主を除く）が受ける**上場株式等**に係る配当等は、その**金額の多寡にかかわらず**、所得税の確定申告不要制度を選択することができる。

解　答　○

所得税において、賃貸マンションの貸付による所得は、**貸付規模が事業的規模か否かを問わず**、不動産所得となる。

解　答　○

なお、不動産の賃貸に伴い受け取った敷金のうち賃借人に**返還を要しないもの**は、返還を要しないことが確定した日において不動産所得の金額の計算上、**総収入金額には算入する**。

問題 6　2017年9月試験

所得税における事業所得の金額の計算上、使用可能期間が1年未満または取得価額が10万円未満の減価償却資産については、その取得価額に相当する金額を、業務の用に供した日の属する年分の必要経費に算入する。

★

問題 7　2019年9月試験

所得税において、交通機関を利用して通勤している給与所得者に対し、勤務先から通常の給与に加算して支払われるべき通勤手当は、最も経済的かつ合理的と認められる運賃等の額で、月額15万円を限度に非課税とされる。

問題 8　2014年1月試験

退職所得の金額(勤続年数5年以下のものは除く)は、原則として、その年中の退職手当等の収入金額から退職所得控除額を控除した残額の2分の1に相当する金額である。

問題 9　2015年9月試験

所得税法上、勤続年数が20年以下の場合(障害者になったことに直接基因して退職した場合を除く)の退職所得控除額は、「70万円×勤続年数(最低金額は140万円)」の算式により求められる。

問題10　2021年1月試験

退職手当等の支払を受ける個人がその支払を受ける時までに「退職所得の受給に関する申告書」を提出した場合、その支払われる退職手当等の金額に20.42%の税率を乗じた金額に相当する所得税および復興特別所得税が源泉徴収される。

問題11　2018年9月試験

所得税において、自己の生活の用に供する家具や衣服(1個または1組の価額が30万円を超える貴金属、美術工芸品等には該当しない)を譲渡したことによる所得は、非課税所得とされる。

解 答 ○

所得税における事業所得の金額の計算上、使用可能期間が**1年未満**または取得価額が**10万円未満**の減価償却資産については、その取得価額に相当する金額を、業務の用に供した日の属する年分の必要経費に算入する。

解 答 ○

所得税において、交通機関を利用して通勤している給与所得者に対し、勤務先から通常の給与に加算して支払われるべき通勤手当は、**月額15万円**を限度に非課税とされる。

解 答 ○

退職所得の金額は、原則として、その年中の退職手当等の収入金額から退職所得控除額を控除した残額の**2分の1**に相当する金額である。

解 答 ✕

勤続年数が**20年以下**の場合（障害者になったことに直接基因して退職した場合を除く）の退職所得控除額は、「**40万円×勤続年数（最低金額は80万円）**」の算式により求められる。なお、勤続年数が**20年超**の場合は、「**800万円＋70万円×（勤続年数－20年）**」の算式により求められる。

解 答 ✕

「退職所得の受給に関する申告書」を**提出した**場合は、適切に計算された退職所得の金額に**超過累進税率**を乗じた金額に相当する所得税および復興特別所得税が源泉徴収される。なお、「退職所得の受給に関する申告書」を**提出していない**場合は、その支払われる退職手当等の金額に**20.42%**の税率を乗じた金額に相当する所得税および復興特別所得税が源泉徴収される。

解 答 ○

なお、時価30万円を超える貴金属、美術工芸品等を譲渡した場合は、所得税が**課税される**。

問題12　2021年1月試験

★

Aさんが、取得日が2019年10月1日の土地を譲渡する場合、その譲渡日が2024年1月1日以降であれば、当該譲渡は、所得税における長期譲渡所得に区分される。

問題13　2017年9月試験

個人が土地を譲渡するために、その土地の上にある老朽化した建物を取り壊した場合の取壊し費用は、所得税における譲渡所得の金額の計算上、譲渡費用となる。

問題14　2021年1月試験

所得税において、NISA口座(少額投資非課税制度における非課税口座)内で生じた上場株式の譲渡損失の金額は、特定口座内の上場株式の譲渡益の金額と損益を通算することができる。

問題15　2019年1月試験

NISA口座(少額投資非課税制度における非課税口座)内で生じた上場株式等の譲渡益や配当金等を非課税とするためには、所得税の確定申告が必要となる。

問題16　2021年5月試験

NISAにおいて、国債や社債は投資対象商品ではない。

問題17　2020年9月試験

個人が法人からの贈与により取得した財産については、原則として贈与税の課税対象となり、所得税は課されない。

解　答　✕

Aさんが、取得日が2019年10月1日の土地を譲渡する場合、その譲渡日が**2025年1月1日以降**であれば、当該譲渡は、所得税における長期譲渡所得に区分される。

解　答　○

個人が**土地を譲渡するため**に、その土地の上にある老朽化した建物を取り壊した場合の取壊し費用は、所得税における譲渡所得の金額の計算上、**譲渡費用となる**。

解　答　✕

所得税において、NISA口座(少額投資非課税制度における非課税口座)内で生じた上場株式の譲渡損失の金額は、生じなかったものとみなされるため、特定口座内の上場株式の譲渡益の金額と**損益を通算すること**ができない。

解　答　✕

NISA口座(少額投資非課税制度における非課税口座)内で生じた上場株式等の譲渡益や配当金等を非課税とするためには、所得税の**確定申告が必要とならない**。

解　答　○

NISAにおいて、**国債や社債は投資対象商品ではない**。

解　答　✕

個人が法人からの贈与により取得した財産については、**所得税の課税対象となる**。

問題18　2020年1月試験

所得税において、一時所得の金額は、その年中の一時所得に係る総収入金額からその収入を得るために直接支出した金額の合計額を控除し、その残額から特別控除額(最高50万円)を控除した金額であり、その金額が総所得金額に算入される。

問題19　2013年1月試験

個人が一時払養老保険(10年満期)の満期保険金を受け取った場合、金融類似商品として、満期保険金と正味払込保険料との差益が源泉分離課税の対象となる。

問題20　2019年1月試験

所得税において、老齢基礎年金や老齢厚生年金に係る所得は、非課税所得とされる。

問題21　2015年1月試験

所得税法上、公的年金等に係る雑所得の金額は、「公的年金等の収入金額－掛金総額」により計算する。

選択問題

問題22　2021年1月試験

国内において支払を受ける預貯金の利子は、原則として、所得税および復興特別所得税と住民税の合計で(　①　)の税率による(　②　)分離課税の対象となる。

1)　①　10.21%　　②　申告
2)　①　20.315%　　②　申告
3)　①　20.315%　　②　源泉

第4章

第3節 各種所得の内容

解 答 ✕

一時所得の金額は、その年中の一時所得に係る総収入金額からその収入を得るために直接支出した金額の合計額を控除し、その残額から**特別控除額（最高50万円）を控除**した金額であり、その金額を**2分の1に減額した金額**が総所得金額に算入される。

解 答 ✕

個人が一時払養老保険(10年満期)の満期保険金を受け取った場合、総合課税の対象となる。なお、一時払養老保険のうち、保険期間**5年以内**の満期保険金または保険期間**5年超**で**5年以内**に解約された解約返戻金の差益は、**源泉分離課税**の対象となる。

解 答 ✕

所得税において、老齢基礎年金や老齢厚生年金に係る所得は、**雑所得として課税される**。

解 答 ✕

所得税法上、公的年金等に係る雑所得の金額は、「公的年金等の収入金額 − **公的年金等控除額**」により計算する。

解 答 **3)**

国内において支払を受ける預貯金の利子は、原則として、所得税および復興特別所得税と住民税の合計で**20.315%**の税率による**源泉**分離課税の対象となる。

問題23　2018年9月試験

個人が内国法人X社(上場会社)から株式の配当金(当該個人は発行済株式総数の3%以上を有する大口株主ではない)を受け、その配当の金額に対して所得税および復興特別所得税・住民税が源泉(特別)徴収される場合の税率は、合計(　　　)である。

1)　10.147%　　2)　20.315%　　3)　20.42%

問題24　2016年1月試験

物品販売業を営む個人事業主の事業所得の金額の計算において、商品の売上原価は、(　　　)の計算式により求められる。

1)　年初商品たな卸高＋本年商品仕入高－年末商品たな卸高

2)　年初商品たな卸高－本年商品仕入高－年末商品たな卸高

3)　年末商品たな卸高－本年商品仕入高＋年初商品たな卸高

問題25　2016年5月試験

所得税において、減価償却資産の範囲に含まれない固定資産としては、(　　　)が挙げられる。

1)　土地　　2)　機械および装置　　3)　工具

問題26　2019年5月試験

所得税において、新たに取得した建物(鉱業用減価償却資産等を除く)に係る減価償却の方法は、(　　　)である。

1)　定額法　　2)　定率法　　3)　定額法と定率法の選択

問題27　2018年9月試験

定年退職により退職金を受け取ったことによる退職所得の金額の計算上、収入金額から控除する退職所得控除額は、勤続年数が20年以下である場合、勤続年数に(　　　)を乗じて計算する。なお、計算した金額が80万円に満たない場合には、80万円となる。

1)　20万円　　2)　40万円　　3)　60万円

解答 **2)**

個人が内国法人X社(上場会社)から株式の配当金(当該個人は発行済株式総数の3%以上を有する大口株主ではない)を受け、その配当の金額に対して所得税および復興特別所得税が住民税が源泉(特別)徴収される場合の税率は、合計**20.315%**である。

解答 **1)**

物品販売業を営む個人事業主の事業所得の金額の計算において、商品の売上原価は、**年初商品たな卸高＋本年商品仕入高－年末商品たな卸高**の計算式により求められる。

解答 **1)**

所得税において、減価償却資産の範囲に含まれない固定資産としては、**土地**が挙げられる。

解答 **1)**

所得税において、新たに取得した建物(鉱業用減価償却資産等を除く)に係る減価償却の方法は、**定額法**である。

解答 **2)**

定年退職により退職金を受け取ったことによる退職所得の金額の計算上、収入金額から控除する退職所得控除額は、勤続年数が20年以下である場合、勤続年数に**40万円**を乗じて計算する。なお、計算した金額が80万円に満たない場合には、80万円となる。

★ 問題28　2016年1月試験

給与所得者が、26年3ヵ月間勤務した会社を定年退職し、退職金の支給を受けた。この場合、所得税の退職所得の金額を計算する際の退職所得控除額は、（　　　）になる。

1)　800万円＋40万円×（26年－20年）＝1,040万円
2)　800万円＋70万円×（26年－20年）＝1,220万円
3)　800万円＋70万円×（27年－20年）＝1,290万円

問題29　2015年5月試験

個人が賃貸アパートの敷地および建物を売却したことにより生じた所得は、（　①　）所得として、（　②　）課税の対象となる。

1)　①　不動産　　②　総合
2)　①　不動産　　②　分離
3)　①　譲渡　　　②　分離

★ 問題30　2019年1月試験

土地・建物等の譲渡に係る所得について、（　①　）における譲渡資産の所有期間が（　②　）を超えるものは長期譲渡所得に区分され、（　②　）以下であるものは短期譲渡所得に区分される。

1)　①　譲渡した日の属する年の1月1日　　②　10年
2)　①　譲渡した日の属する年の1月1日　　②　5年
3)　①　譲渡契約の締結日　　②　3年

★ 問題31　2020年1月試験

個人が土地・建物を譲渡したことによる譲渡所得の金額の計算において、譲渡した土地・建物の取得費が不明である場合、譲渡収入金額の（　　　）相当額を取得費とすることができる。

1)　3%　　2)　5%　　3)　10%

解 答 3)

給与所得者が、26年3ヵ月間勤務した会社を定年退職し、退職金の支給を受けた場合、所得税の退職所得の金額を計算する際の退職所得控除額は、**800万円＋70万円×(27年−20年)＝1,290万円**になる。なお、勤続年数の1年未満の部分は1年とする。

解 答 3)

個人が賃貸アパートの敷地および建物を売却したことにより生じた所得は、**譲渡**所得として、**分離**課税の対象となる。

解 答 2)

土地・建物等の譲渡に係る所得について、**譲渡した日の属する年の1月1日**における譲渡資産の所有期間が**5年**を超えるものは長期譲渡所得に区分され、**5年**以下であるものは短期譲渡所得に区分される。

解 答 2)

個人が土地・建物を譲渡したことによる譲渡所得の金額の計算において、譲渡した土地・建物の取得費が不明である場合、譲渡収入金額の**5%**相当額を取得費とすることができる。

問題32　2013年9月試験

一般の土地・建物の短期譲渡所得に対する税額は、復興特別所得税を考慮しない場合、課税短期譲渡所得金額に（　　　）を乗じて求められる。

1)　25％（所得税20％、住民税5％）
2)　30％（所得税25％、住民税5％）
3)　39％（所得税30％、住民税9％）

問題33　2012年1月試験

一般の土地・建物の長期譲渡所得に対する税額は、復興特別所得税を考慮しない場合、課税長期譲渡所得金額に（　　　）を乗じて求められる。

1)　10％（所得税7％・住民税3％）
2)　20％（所得税15％・住民税5％）
3)　39％（所得税30％・住民税9％）

問題34　2019年1月試験

2024年より、つみたて投資枠（非課税累積投資契約に係る少額投資非課税制度における累積投資勘定）に受け入れることができる限度額は年間（　　　）である。

1)　120万円
2)　200万円
3)　240万円

問題35　2015年5月試験

契約者（＝保険料負担者）が夫、被保険者が妻、死亡保険金受取人が夫である生命保険契約において、夫が受け取る死亡保険金は、（　　　）の課税対象となる。

1)　所得税・住民税　　2)　贈与税　　3)　相続税

解答 3)

一般の土地・建物の短期譲渡所得に対する税額は、復興特別所得税を考慮しない場合、課税短期譲渡所得金額に**39%(所得税30%、住民税9%)**を乗じて求められる。

解答 2)

一般の土地・建物の長期譲渡所得に対する税額は、復興特別所得税を考慮しない場合、課税長期譲渡所得金額に**20%(所得税15%・住民税5%)**を乗じて求められる。

解答 1)

2024年より、つみたて投資枠(非課税累積投資契約に係る少額投資非課税制度における累積投資勘定)に受け入れることができる限度額は年間**120万円**である。

解答 1)

契約者(＝保険料負担者)が夫、被保険者が妻、死亡保険金受取人が夫である生命保険契約において、夫が受け取る死亡保険金は、**所得税・住民税**の課税対象となる。

問題36　　2017年9月試験

家族傷害保険契約に基づき、契約者(＝保険料負担者)と同居している子が
ケガで入院したことにより契約者が受け取る入院保険金は、(　　　　)とさ
れる。

1)　非課税　　2)　雑所得　　3)　一時所得

問題37　　2017年1月試験

所得税において、個人事業主が、自己の所有する店舗の火災によって建物
に損害を受け、火災保険から受け取った保険金は、(　　　)となる。

1)　非課税
2)　一時所得として課税対象
3)　事業所得として課税対象

解 答 1)

家族傷害保険契約に基づき、契約者(＝保険料負担者)と同居している子がケガで入院したことにより契約者が受け取る入院保険金は、**非課税**とされる。

解 答 1)

所得税において、個人事業主が、自己の所有する店舗の火災によって建物に損害を受け、火災保険から受け取った保険金は、**非課税**となる。

○×問題

DATE

★ **問題 1**　2019年1月試験

不動産所得の金額の計算上生じた損失の金額のうち、不動産所得を生ずべき土地等を取得するために要した負債の利子の額に相当する部分の金額は、損益通算の対象とならない。

DATE

問題 2　2017年1月試験

ゴルフ会員権を譲渡したことによる譲渡損失の金額は、他の各種所得の金額と損益通算することができない。

DATE

問題 3　2018年1月試験

一時所得の金額の計算上生じた損失の金額は、他の各種所得の金額と損益通算することができない。

DATE

問題 4　2019年5月試験

上場株式を譲渡したことによる損失の金額は、確定申告をすることによって、不動産所得などの他の所得金額と損益通算することができる。

選択問題

DATE

★ **問題 5**　2015年5月試験

所得税において、（　　　　）の金額の計算上生じた損失の金額は、他の所得の金額と損益通算することができる。

1）　雑所得　　2）　事業所得　　3）　一時所得

解 答 ○

なお、不動産所得を生ずべき**建物**を取得するために要した負債の利子の額に相当する部分の金額は、**損益通算の対象となる**。

解 答 ○

ゴルフ会員権や保養の目的で所有する別荘など、生活に通常必要でない資産を譲渡したことによって生じた損失の金額は、他の各種所得の金額と**損益通算することができない**。

解 答 ○

一時所得の金額の計算上生じた損失の金額は、他の各種所得の金額と**損益通算することができない**。

解 答 ✕

上場株式を譲渡したことによる損失の金額は、**不動産所得などの他の所得金額と損益通算することはできない**。なお、**申告分離課税**を選択した**上場株式等の配当所得等の金額とは損益通算することができる**。

解 答 2)

所得税において、**事業所得**の金額の計算上生じた損失の金額は、他の所得の金額と損益通算することができる。

問題 6　2021年5月試験

Aさんの各種所得の金額が下記の〈資料〉のとおりであった場合、損益通算後の総所得金額は、（　　　）となる。なお、各種所得の金額に付されている「▲」は、その所得に損失が生じていることを表すものとする。

〈資料〉　Aさんの各種所得の金額

不動産所得の金額	800万円
事業所得の金額（株式等に係るものを除く）	▲100万円
雑所得の金額	▲50万円

1）　650万円　　2）　700万円　　3）　750万円

問題 7　2013年1月試験

下記〈資料〉の不動産所得の金額の計算上生じた損失のうち、ほかの所得の金額と損益通算が可能な金額は、（　　　）である。なお、損益通算をするにあたって必要とされる要件はすべて満たしているものとする。

〈資料〉　不動産所得に関する資料

| 総収入金額 | 500万円 |
| 必要経費※ | 550万円 |

※　必要経費には、土地を取得するために要した負債利子30万円が含まれている。

1）　20万円　　2）　30万円　　3）　50万円

問題 8　2015年1月試験

上場株式等に係る譲渡損失の金額は、（　　　）を選択した上場株式等に係る配当所得の金額と損益通算することができる。

1）　総合課税　　2）　源泉分離課税　　3）　申告分離課税

問題 9　2018年5月試験

所得税の計算において、青色申告書を提出した年に生じた純損失の金額は、所定の要件のもと、その損失が生じた年の翌年以降（　　　）繰り越すことができる。

1）　3年間　　2）　5年間　　3）　7年間

解 答 2)

本問の〈資料〉におけるAさんの損益通算後の総所得金額は、次のとおり計算する。

$$\underset{\text{不動産所得}}{800万円} - \underset{\text{事業所得}}{100万円} = \mathbf{700万円}$$

※雑所得の損失の金額は損益通算できない。

解 答 1)

不動産所得の金額は、次のとおり▲50万円となる。

$$\underset{\text{総収入金額}}{500万円} - \underset{\text{必要経費}}{550万円} = ▲50万円$$

不動産所得の金額の計算上生じた損失の金額50万円のうち、土地を取得するために要した負債の利子の額に相当する部分の金額30万円は、損益通算の対象とならない。したがって、ほかの所得の金額と損益通算が可能な金額は、次のとおりとなる。

$$50万円 - 30万円 = \mathbf{20万円}$$

解 答 3)

上場株式等に係る譲渡損失の金額は、**申告分離課税**を選択した上場株式等に係る配当所得の金額と損益通算することができる。

解 答 1)

所得税の計算において、青色申告書を提出した年に生じた純損失の金額は、所定の要件のもと、その損失が生じた年の翌年以降**3年間**繰り越すことができる。

第5節 所得控除

テキストP.233～

○×問題

問題 1　2019年9月試験

所得税において、人間ドックの受診費用は、その人間ドックによって特に異常が発見されなかった場合であっても、医療費控除の対象となる。

問題 2　2018年9月試験

セルフメディケーション税制(医療費控除の特例)に係るスイッチOTC医薬品の購入費(特定一般用医薬品等購入費)を支払った場合、所定の要件を満たせば、通常の医療費控除との選択により、最高10万円の医療費控除の適用を受けることができる。

問題 3　2018年9月試験

年末調整の対象となる給与所得者は、年末調整の際に、所定の書類を勤務先に提出することにより、医療費控除の適用を受けることができる。

問題 4　2021年1月試験

夫が生計を一にする妻の負担すべき国民年金の保険料を支払った場合、その支払った金額は、夫に係る所得税の社会保険料控除の対象となる。

問題 5　2019年1月試験

本年中に契約した生命保険に付加されている傷害特約に係る保険料は、介護医療保険料控除の対象となる。

解　答 ✕

所得税において、人間ドックの受診費用は、その人間ドックによって特に異常が発見されなかった場合、**医療費控除の対象とならない**。

解　答 ✕

セルフメディケーション税制（医療費控除の特例）に係るスイッチOTC医薬品の購入費（特定一般用医薬品等購入費）を支払った場合、所定の要件を満たせば、通常の医療費控除との選択により、最高**88,000円**の医療費控除の適用を受けることができる。

解　答 ✕

給与所得者であっても、年末調整により所得税の医療費控除の**適用を受けることはできず**、確定申告により所得税の医療費控除の適用を受けることができる。

解　答 〇

夫が**生計を一にする妻の負担すべき国民年金の保険料**を支払った場合、その支払った金額は、**夫に係る所得税の社会保険料控除の対象となる**。

解　答 ✕

本年中に契約した生命保険に付加されている傷害特約に係る保険料は、介護医療保険料控除の**対象とならない**。

★ **問題 6** 2021年1月試験

所得税において、個人が支払う地震保険の保険料は、5万円を限度として年間支払保険料の2分の1相当額が地震保険料控除の対象となる。

問題 7 2019年5月試験

納税者の合計所得金額が1,000万円を超えている場合、配偶者の合計所得金額の多寡にかかわらず、所得税の配偶者控除の適用を受けることはできない。

問題 8 2017年1月試験

所得税において、老人扶養親族のうち、納税者またはその配偶者の直系尊属で、納税者またはその配偶者と常に同居している者(同居老親等)に係る扶養控除額は、63万円である。

問題 9 2021年1月試験

所得税における基礎控除の額は、納税者の合計所得金額の多寡にかかわらず、38万円である。

選択問題

問題10 2014年5月試験

所得税において、(　　　　)は、医療費控除の対象とならない。

1) 医師の診療を受けるためのバス代等の通院費用
2) 入院の際の洗面具等の身の回り品の購入費用
3) 風邪の治療に必要な風邪薬の購入費用

第4章

第5節 所得控除

解　答　×

所得税において、個人が支払う地震保険の保険料は、**5万円**を限度として年間支払保険料の**全額**が地震保険料控除の対象となる。なお、住民税では2万5千円が限度となる。

解　答　○

納税者の合計所得金額が**1,000万円**を超えている場合、配偶者の合計所得金額の多寡にかかわらず、所得税の配偶者控除の適用を受けることはできない。

解　答　×

所得税において、老人扶養親族のうち、納税者またはその配偶者の直系尊属で、納税者またはその配偶者と常に同居している者(同居老親等)に係る扶養控除額は、**58万円**である。

解　答　×

所得税における基礎控除の額は、納税者の合計所得金額が2,400万円以下の場合、**48万円**である。

解　答　2)

所得税において、**入院の際の洗面具等の身の回り品の購入費用**は、医療費控除の対象とならない。

問題11　2019年1月試験

所得税における医療費控除(特例を除く)は、医療費控除の対象となる医療費の年間の支出額(保険金等により補てんされる金額を除く)の総額から、(①)万円と「総所得金額等の5%相当額」のいずれか低いほうを控除した金額(最高(②)万円)となる。

1) ① 10 ② 100
2) ① 10 ② 200
3) ① 20 ② 200

問題12　2018年9月試験

確定拠出年金の個人型年金の掛金を支払った場合、その支払った金額は、( )として所得控除の対象となる。

1) 生命保険料控除
2) 社会保険料控除
3) 小規模企業共済等掛金控除

問題13　2018年1月試験

確定拠出年金の企業型年金において、マッチング拠出により加入者が拠出した掛金は、その( )が小規模企業共済等掛金控除として所得控除の対象となる。

1) 2分の1相当額　　2) 4分の3相当額　　3) 全額

問題14　2021年5月試験

所得税において、個人が本年中に締結した生命保険契約に基づく支払保険料のうち、( )に係る保険料は、介護医療保険料控除の対象となる。

1) 先進医療特約　　2) 傷害特約　　3) 定期保険特約

解　答 2)

所得税における医療費控除(特例を除く)は、医療費控除の対象となる医療費の年間の支出額(保険金等により補てんされる金額を除く)の総額から、**10万円**と「総所得金額等の5%相当額」のいずれか低いほうを控除した金額(最高**200万円**)となる。

解　答 3)

確定拠出年金の個人型年金の掛金を支払った場合、その支払った金額は、**小規模企業共済等掛金控除**として所得控除の対象となる。

解　答 3)

確定拠出年金の企業型年金において、マッチング拠出により加入者が拠出した掛金は、その**全額**が小規模企業共済等掛金控除として所得控除の対象となる。

解　答 1)

所得税において、個人が本年中に締結した生命保険契約に基づく支払保険料のうち、**先進医療特約**に係る保険料は、介護医療保険料控除の対象となる。なお、傷害のみを保障する傷害特約に係る保険料は、生命保険料控除の対象とはならず、定期保険特約に係る保険料は、一般の生命保険料控除の対象となる。

問題15 2019年9月試験

2012年1月1日以後に締結した生命保険契約等により、本年中に一般生命保険料、個人年金保険料および介護医療保険料をそれぞれ10万円支払った場合、所得税における生命保険料控除の控除額は（　　　）となる。

1) 8万円　　2) 10万円　　3) 12万円

問題16 2015年5月試験

所得税の配偶者控除の適用を受けるためには、その年分の納税者の合計所得金額が1,000万円以下であり、かつ、配偶者の合計所得金額は（　　　）以下でなければならない。

1) 48万円　　2) 65万円　　3) 103万円

問題17 2021年5月試験

所得税において、控除対象扶養親族のうち、その年の12月31日時点の年齢が（　①　）以上（　②　）未満である者は、特定扶養親族に該当する。

1) ①　16歳　　②　19歳
2) ①　18歳　　②　22歳
3) ①　19歳　　②　23歳

問題18 2019年1月試験

所得税の控除対象扶養親族のうち、19歳以上23歳未満である特定扶養親族に係る扶養控除の額は、（　　　）である。

1) 38万円　　2) 48万円　　3) 63万円

問題19 2016年9月試験

納税者Aさんの本年12月31日現在における扶養親族が長男（21歳）および長女（14歳）の2人である場合、本年分の所得税における扶養控除の控除額は、（　　　）である。

1) 38万円　　2) 63万円　　3) 101万円

解　答 3)

2012年1月1日以後に締結した所定の生命保険契約等により、本年中に一般生命保険料、個人年金保険料および介護医療保険料をそれぞれ10万円支払った場合、所得税における生命保険料控除の控除額は**12万円**となる。

※「一般生命保険料」「個人年金保険料」「介護医療保険料」の各々について、保険料支払額が8万円超の場合、各々の控除額は上限額の4万円となる。よって、3区分について各々10万円支払った場合の生命保険料控除の控除額は12万円となる。

解　答 1)

所得税の配偶者控除の適用を受けるためには、その年分の納税者の合計所得金額が**1,000万円**以下であり、かつ、配偶者の合計所得金額は**48万円**以下でなければならない。

解　答 3)

所得税において、控除対象扶養親族のうち、その年の12月31日時点の年齢が**19歳**以上**23歳**未満である者は、特定扶養親族に該当する。

解　答 3)

所得税の控除対象扶養親族のうち、**19歳以上23歳未満**である特定扶養親族に係る扶養控除の額は、**63万円**である。

解　答 2)

納税者Aさんの本年12月31日現在における扶養親族が長男(21歳)および長女(14歳)の2人である場合、本年分の所得税における扶養控除の控除額は、**63万円**である。

Aさんの本年12月31日現在における扶養親族である長男と長女のうち、長男は21歳であるため特定扶養親族(年齢19歳以上23歳未満)に該当するが、長女は14歳であるため控除対象扶養親族(年齢16歳以上)に該当しない。したがって、Aさんの本年分の所得税における扶養控除の控除額は、特定扶養親族の**63万円**のみとなる。

第6節 税額控除

テキストP.245～

○×問題

問題 1　2021年5月試験

所得税において、上場不動産投資信託(J-REIT)の分配金に係る配当所得は、配当控除の適用を受けることができる。

問題 2　★　2019年1月試験

所得税の住宅借入金等特別控除(居住用家屋の床面積が50㎡以上)は、適用を受けようとする者の合計所得金額が2,000万円を超える年については、住宅借入金等特別控除の適用を受けることができない。

選択問題

問題 3　2021年9月試験

所得税において、上場株式の配当について配当控除の適用を受けるためには、その配当所得について(　　　)を選択する必要がある。

1)　総合課税　　2)　申告分離課税　　3)　確定申告不要制度

問題 4　★　2021年1月試験

住宅ローンを利用してマンションを取得し、所得税における住宅借入金等特別控除の適用を受ける場合、借入金の償還期間は、最低(　　　)以上なければならない。

1)　10年　　2)　20年　　3)　25年

解　答　✕

所得税において、上場不動産投資信託(J-REIT)の分配金に係る配当所得は、**配当控除の適用を受けることができない**。

解　答　◯

所得税の住宅借入金等特別控除(居住用家屋の床面積が50㎡以上)の適用要件のひとつとして、その適用を受けようとする者のその年分の合計所得金額は**2,000**万円以下でなければならない。

解　答　1)

所得税において、上場株式の配当について配当控除の適用を受けるためには、その配当所得について**総合課税**を選択する必要がある。

解　答　1)

住宅ローンを利用してマンションを取得し、所得税における住宅借入金等特別控除の適用を受ける場合、借入金の償還期間は、最低**10年**以上なければならない。

問題 5　2020年1月試験

所得税の住宅借入金等特別控除の適用を受けるためには、原則として、取得等した家屋の床面積は（　①　）以上で、かつ、その（　②　）以上に相当する部分が専ら自己の居住の用に供されるものでなければならない。

1)　①　50㎡　　②　2分の1
2)　①　60㎡　　②　2分の1
3)　①　60㎡　　②　3分の2

解答 1)

所得税の住宅借入金等特別控除の適用を受けるためには、原則として、取得等した家屋の床面積は**50㎡**以上で、かつ、その**2分の1**以上に相当する部分が専ら自己の居住の用に供されるものでなければならない。なお、床面積40㎡以上50㎡未満でも適用を受けることができる。（納税者の合計所得金額が1,000万円以下の場合）

○×問題

問題 1　　2020年1月試験

給与所得者のうち、その年中に支払を受けるべき給与の収入金額が1,000万円を超える者は、所得税の確定申告をしなければならない。

★ 問題 2　　2013年9月試験

所得税において、青色申告者に対する税務上の特典のひとつに、所得金額から最高50万円または10万円を控除するという青色申告特別控除がある。

問題 3　　2021年1月試験

不動産所得のみを有する青色申告者は、その事業の規模にかかわらず、最高65万円の青色申告特別控除の適用を受けることができる。

選択問題

★ 問題 4　　2021年9月試験

所得税の確定申告をしなければならない者は、原則として、所得が生じた年の翌年の（　①　）から（　②　）までの間に、納税地の所轄税務署長に対して確定申告書を提出しなければならない。

1)　①　2月1日　　②　3月15日
2)　①　2月16日　　②　3月15日
3)　①　2月16日　　②　3月31日

解　答　✕

給与所得者のうち、その年中に支払を受けるべき給与の収入金額が**2,000万円**を超える者は、所得税の確定申告をしなければならない。

解　答　✕

所得税において、青色申告者に対する税務上の特典のひとつに、所得金額から**55万円**（所定の要件を満たした場合65万円）または**10万円**を控除するという青色申告特別控除がある。

解　答　✕

不動産所得のみを有する青色申告者は、不動産の貸付けが事業的規模の場合には、最高**65万円**の青色申告特別控除の適用を受けることができるが、不動産の貸付けが事業的規模以外の場合には、最高**10万円**の青色申告特別控除の適用となる。

解　答　**2）**

所得税の確定申告をしなければならない者は、原則として、所得が生じた年の翌年の**2月16日**から**3月15日**までの間に、納税地の所轄税務署長に対して確定申告書を提出しなければならない。

問題 5 2021年1月試験

給与所得者のうち、（　　）は、所得税の確定申告をする必要がある。

1) 給与の年間収入金額が1,000万円を超える者
2) 給与所得以外の所得の金額の合計額が10万円を超える者
3) 医療費控除の適用を受けようとする者

問題 6 2019年9月試験

確定申告を要する納税者Aさんが本年8月20日に死亡した。Aさんの相続人は、同日にAさんの相続の開始があったことを知ったため、本年分のAさんの所得について（　　）までにAさんの死亡当時の納税地の所轄税務署長に対して所得税の準確定申告書を提出しなければならない。

1) 本年11月20日
2) 本年12月20日
3) 翌年1月20日

問題 7 2013年1月試験

事業所得、不動産所得または山林所得を生ずべき業務を行う者のうち、青色申告の承認を受けようとする者は、原則として、青色申告書による申告をしようとする年の（　　）までに、納税地の所轄税務署長に対して、所得税の青色申告承認申請書を提出しなければならない。

1) 3月15日　　2) 3月31日　　3) 12月31日

問題 8 2019年1月試験

その年の1月16日以後、新たに業務を開始した者が、その年分から所得税の青色申告の適用を受けるためには、その業務を開始した日から（　　）以内に、青色申告承認申請書を納税地の所轄税務署長に提出し、その承認を受けなければならない。

1) 2週間　　2) 2ヵ月　　3) 3ヵ月

解　答 3)

給与所得者のうち、**医療費控除の適用を受けようとする者**は、所得税の確定申告をする必要がある。

解　答 2)

確定申告を要する納税者Aさんが本年8月20日に死亡した。Aさんの相続人は、同日にAさんの相続の開始があったことを知ったため、本年分のAさんの所得について**本年12月20日**まで(相続の開始があったことを知った日の翌日から**4ヵ月**以内)にAさんの死亡当時の納税地の所轄税務署長に対して所得税の準確定申告書を提出しなければならない。

解　答 1)

事業所得、不動産所得または山林所得を生ずべき業務を行う者のうち、青色申告の承認を受けようとする者は、原則として、青色申告書による申告をしようとする年の**3月15日**までに、納税地の所轄税務署長に対して、所得税の青色申告承認申請書を提出しなければならない。

解　答 2)

その年の1月16日以後、新たに業務を開始した者が、その年分から所得税の青色申告の適用を受けるためには、その業務を開始した日から**2ヵ月**以内に、青色申告承認申請書を納税地の所轄税務署長に提出し、その承認を受けなければならない。

まとめ

<国税と地方税>

国税		所得税、法人税、相続税、贈与税、印紙税、登録免許税など
地方税	道府県民税	道府県民税(住民税)、事業税、不動産取得税など
	市町村民税	市町村民税(住民税)、固定資産税、都市計画税など

<直接税と間接税>

直接税	所得税、法人税、相続税、贈与税、登録免許税、住民税、固定資産税など
間接税	消費税、酒税、たばこ税など

<各種所得>

	特　　　徴	課　税　方　法
利子所得	預貯金の利子	源泉分離課税
	国債・地方債の利子等	申告分離課税(申告不要可)
配当所得	株式の配当金、株式投資信託の分配金	総合課税または申告分離課税 (申告不要可)
不動産所得	不動産の貸付けによる所得	総合課税
事業所得	事業から生ずる所得	総合課税

	計　算　方　法	課税方法
給与所得	収入金額－給与所得控除額	総合課税
退職所得	(収入金額－退職所得控除額※)×1/2	申告分離課税

※　退職所得控除額

勤続年数	退職所得控除額
20年以下	40万円×勤続年数(最低80万円)
20年超	800万円＋70万円×(勤続年数－20年)

	特　　　徴	課税方法
山林所得	保有期間5年超の山林の譲渡	申告分離課税
一時所得	50万円特別控除を控除して計算する。なお、総所得金額に算入する際は、2分の1する	総合課税
雑所得	個人年金や公的年金(老齢基礎年金や老齢厚生年金など) 公的年金は、公的年金等控除額を控除する	総合課税

<譲渡所得（土地・建物）>

	譲渡年の1月1日における所有期間	税　率
短期譲渡所得	5年以下	所得税30%・住民税9%
長期譲渡所得	5年超	所得税15%・住民税5%

<NISA（2024年～）>

	つみたて投資枠	成長投資枠
対　象　者	18歳以上	
対　象　資　産	累積投資契約など一定の要件を満たす公募株式投資信託（ETFを含む）	上場株式、公募株式投資信託、ETF、J-REITなど（高レバレッジ投資信託などを除く）
年間投資上限額	年120万円	年240万円
非課税保有限度額	1,800万円（成長投資枠はうち1,200万円まで）	
非　課　税　期　間	無期限	

<損益通算できる所得>

	備　考
不動産所得	土地に係る負債の利子相当額は損益通算できない
事業所得	——
山林所得	——
譲渡所得	原則として、総合課税の譲渡損失のみ損益通算できることとなっており、分離課税（土地・建物・株式等）に係る譲渡損失は、損益通算できない（※）

（※）　・生活に通常必要でない資産（ゴルフ会員権など）の損失は損益通算できない
　　　・上場株式の譲渡損失は、申告分離課税を選択した配当所得等の金額と損益通算できる
　　　・居住用財産の譲渡損失は、所有期間5年超などの要件を満たした場合、損益通算できる

<医療費控除>

対象となるものの一例	対象とならないものの一例
人間ドックの受診費用（重大な疾病が発見され、治療を行った場合）	人間ドックの受診費用（左記以外）
医師の診療を受けるためのバス代等の通院費用	医師の診療を受けるための自家用車のガソリン代および駐車場代
風邪薬の購入費用	健康増進のためのビタミン剤の購入費用

＜配偶者控除、配偶者特別控除＞

	主な要件など	控除額
配偶者控除	納税者の合計所得金額が1,000万円以下、かつ、配偶者の合計所得金額が48万円以下	38万円（※）
配偶者特別控除	納税者の合計所得金額が1,000万円以下、かつ、配偶者の合計所得金額が48万円超133万円以下	3万円～38万円（※）

（※）　納税者の合計所得金額が900万円以下の場合の控除額

＜扶養控除＞

年　齢　要　件	控除額
その年12月31日現在で16歳以上19歳未満である一般扶養親族	38万円
その年12月31日現在で19歳以上23歳未満である特定扶養親族	63万円
その年12月31日現在で23歳以上である一般扶養親族	38万円（原則）

＜住宅借入金等特別控除の要件＞

居住要件	取得の日から6ヵ月以内に居住の用に供すること
床面積	原則、50㎡以上（納税者の合計所得金額が1,000万円以下であれば、床面積40㎡以上50㎡未満でも適用可）
	2分の1以上が居住の用に供されること
借入金	償還期間が10年以上であること
所得要件	その年分の合計所得金額が原則、2,000万円以下であること
手続	給与所得者の場合、最初の年は確定申告が必要であるが、2年目以降は年末調整で適用を受けられる

＜青色申告の承認申請期限＞

原則	その年3月15日
新たに業務を開始した場合	2ヵ月以内

第5章

不 動 産

頻出項目ポイント

- **不動産登記**
  公信力、登記記録（表題部、権利部）
- **土地の価格**
  公示価格、固定資産税評価額
- **借地借家法**
  普通借家、定期借家
- **不動産に関する法令上の制限**
  都市計画法、建築基準法
- **不動産の取得に関する税金**
  印紙税、消費税、登録免許税、不動産取得税
- **不動産の保有に関する税金**
  固定資産税、都市計画税
- **不動産の譲渡に関する税金**
  居住用財産を譲渡した場合の特例
- **不動産の有効活用**
  不動産投資の利回り計算

○×問題

問題 1　2017年1月試験

国土交通省の土地鑑定委員会が公表する公示価格は、毎年7月1日を基準日（価格時点）としている。

問題 2　2021年5月試験

土地および家屋に係る固定資産税評価額は、原則として、3年ごとの基準年度において評価替えが行われる。

問題 3　2012年5月試験

不動産鑑定評価基準に規定されている不動産の価格を求める鑑定評価の基本的な手法には、原価法、取引事例比較法および収益還元法がある。

問題 4　2019年1月試験

不動産登記には公信力が認められていないため、登記記録上の権利者が真実の権利者と異なっている場合に登記記録を信頼して取引をしても、原則として法的に保護されない。

問題 5　2015年5月試験

不動産の登記記録の権利部乙区には、所有権に関する事項が記録される。

問題 6　2021年1月試験

不動産の登記事項証明書の交付を請求することができる者は、当該不動産の所有者に限られる。

解　答　✕

国土交通省の土地鑑定委員会が公表する公示価格は、毎年**1月1日**を基準日(価格時点)としている。

解　答　○

土地および家屋に係る固定資産税評価額は、原則として、**3年**ごとの基準年度において評価替えが行われる。

解　答　○

不動産鑑定評価基準に規定されている不動産の価格を求める鑑定評価の基本的な手法には、**原価法、取引事例比較法**および**収益還元法**がある。

解　答　○

不動産登記には公信力が認められていないため、登記記録上の権利者が真実の権利者と異なっている場合に登記記録を信頼して取引をしても、原則として**法的に保護されない**。

解　答　✕

不動産の登記記録の権利部乙区には、借地権や抵当権などの**所有権以外の権利に関する登記事項が記録される**。

解　答　✕

不動産の登記事項証明書は、登記所で手数料を納付すれば、**誰でも**交付を請求することができる。

選択問題

問題 7　　2020年9月試験

相続税路線価は、地価公示の公示価格の（　　　）を価格水準の目安として設定されている。

1)　70%　　2)　80%　　3)　90%

問題 8　　2019年9月試験

都道府県地価調査の基準地の標準価格は、毎年（　①　）を価格判定の基準日として調査され、都道府県知事により毎年（　②　）頃に公表される。

1)　①　1月1日　　②　3月
2)　①　1月1日　　②　9月
3)　①　7月1日　　②　9月

問題 9　　2019年9月試験

土地の登記記録の（　　　）には、所在や地積など、土地の表示に関する事項が記録される。

1)　表題部　　2)　甲区　　3)　乙区

解　答　2)

相続税路線価は、地価公示の公示価格の**80%**を価格水準の目安として設定されている。

解　答　3)

都道府県地価調査の基準地の標準価格は、毎年**7月1日**を価格判定の基準日として調査され、都道府県知事により毎年**9月**頃に公表される。

解　答　1)

土地の登記記録の**表題部**には、所在や地積など、土地の表示に関する事項が記録される。

第5章

第1節　不動産の見方

○×問題

問題 1 2020年1月試験

アパートやマンションの所有者が、当該建物の賃貸を自ら業として行う場合には、宅地建物取引業の免許を取得する必要がある。

問題 2 2018年5月試験

宅地建物取引業者は、買主が宅地建物取引業者ではない宅地・建物の売買の媒介に際して、当該宅地・建物の買主に対して、売買契約が成立するまでの間に、宅地建物取引士をして、宅地建物取引業法第35条に規定する重要事項について、これらの事項を記載した書面等を交付して説明させなければならない。

問題 3 2018年1月試験

宅地建物取引士が宅地建物取引業法第35条に規定する重要事項の説明をするときは、説明の相手方に対し、宅地建物取引士証を提示しなければならない。

★ ### 問題 4 2017年9月試験

宅地建物取引業者は、自らが売主となる宅地または建物の売買契約の締結に際して、取引の相手方が宅地建物取引業者でない場合、代金の額の10分の1を超える額の手付を受領することができない。

★ ### 問題 5 2019年5月試験

不動産取引において、買主が売主に解約手付を交付したときは、相手方が契約の履行に着手するまでは、買主はその手付を放棄することで、売主はその手付を返還することで、それぞれ契約を解除することができる。

| 解 答 | × |

アパートやマンションの所有者が、当該建物の賃貸を自ら業として行う場合には、**宅地建物取引業の免許を取得する必要がない。**

| 解 答 | ○ |

宅地建物取引業者は、買主が宅地建物取引業者ではない宅地・建物の売買の媒介に際して、当該宅地・建物の買主に対して、**売買契約が成立するまでの間に、宅地建物取引士**をして、宅地建物取引業法第35条に規定する重要事項について、これらの事項を記載した書面等を交付して説明させなければならない。

| 解 答 | ○ |

宅地建物取引士が宅地建物取引業法第35条に規定する重要事項の説明をするときは、説明の相手方に対し、**宅地建物取引士証を提示しなければならない。**

| 解 答 | × |

宅地建物取引業者は、自らが売主となる宅地または建物の売買契約の締結に際して、取引の相手方が宅地建物取引業者でない場合、代金の額の**10分の2**を超える額の手付を受領することができない。

| 解 答 | × |

不動産取引において、買主が売主に解約手付を交付したときは、**相手方が契約の履行に着手するまでは、**買主はその手付を放棄することで、売主はその**手付の倍額**を返還することで、それぞれ契約を解除することができる。

問題 6 2016年9月試験

借地借家法の規定によれば、借地権は、その登記がなくても、土地の上に借地権者が登記されている建物を所有するときは、これをもって第三者に対抗することができる。

問題 7 2015年9月試験

借地借家法の規定によれば、普通建物賃貸借契約において、貸主は、正当の事由があると認められる場合でなければ、借主からの更新の請求を拒むことができない。

問題 8 2015年1月試験

建物の賃貸借契約(定期建物賃貸借契約を除く)において、1年未満の期間を賃貸借期間として定めた場合、期間の定めのない賃貸借契約とみなされる。

問題 9 2014年9月試験

定期建物賃貸借契約(定期借家契約)は、公正証書によって契約しなければならない。

問題10 2018年5月試験

借地借家法第23条に規定される「事業用定期借地権等」は、専ら事業の用に供する建物の所有を目的とするものであり、居住の用に供する建物の所有を目的として設定することはできない。

問題11 2020年9月試験

借地借家法の規定では、定期建物賃貸借契約(定期借家契約)において、貸主に正当の事由があると認められる場合でなければ、貸主は、借主からの契約の更新の請求を拒むことができないとされている。

解　答	◯

借地借家法の規定によれば、借地権は、その登記がなくても、土地の上に借地権者が**登記されている建物**を所有するときは、これをもって**第三者に対抗することができる**。

解　答	◯

借地借家法の規定によれば、普通建物賃貸借契約において、**貸主**は、正当の事由があると認められる場合でなければ、**借主**からの更新の請求を拒むことができない。

解　答	◯

借地借家法上、建物の賃貸借契約（定期建物賃貸借契約を除く）において、**1年未満の期間**を契約期間として定めた場合は、その期間は無効となり、**期間の定めのない賃貸借契約とみなされる**。

解　答	✕

定期建物賃貸借契約（定期借家契約）は、**公正証書等の書面等**によって契約しなければならない。（公正証書には限定されない。）

解　答	◯

借地借家法第23条に規定される「事業用定期借地権等」は、**専ら事業の用に供する建物の所有を目的とするものであり、居住の用に供する建物の所有を目的として設定することはできない**。

解　答	✕

借地借家法の規定では、定期建物賃貸借契約（定期借家契約）においては、貸主に正当の事由がなくても、**契約の更新はされない**。

DATE

問題12　2021年5月試験

宅地建物取引業法において、宅地建物取引業者が依頼者と締結する宅地または建物の売買の媒介契約のうち、専任媒介契約の有効期間は、最長で（　　　）である。

1）3ヵ月　　2）6ヵ月　　3）1年

DATE

問題13　2012年5月試験

売買契約において、売主が種類または品質に関して契約の内容に適合しない物を買主に引き渡した場合には、買主は適合しないことを知った時から（　　　）年以内に通知することにより、修理や代替物の引渡し、代金の減額、損害賠償請求、契約解除を請求することができる。

1）1　　2）2　　3）3

DATE

問題14　2017年5月試験

借地借家法の規定によれば、定期借地権等以外の借地権に係る借地契約を更新する場合において、その期間は、借地権設定後の最初の更新では更新の日から（　①　）、それ以降の更新では（　②　）とされている。ただし、当事者がこれより長い期間を定めたときは、その期間とされている。

1）　①　20年　　②　5年
2）　①　20年　　②　10年
3）　①　30年　　②　20年

DATE

問題15　2020年9月試験

借地借家法に規定されている定期借地権のうち、いわゆる一般定期借地権では、借地上の建物は用途の制限がなく、存続期間を（　　　）以上として設定するものであり、その設定契約は書面等により作成する。

1）20年　　2）30年　　3）50年

解　答 1)

宅地建物取引業法において、宅地建物取引業者が依頼者と締結する宅地または建物の売買の媒介契約のうち、専任媒介契約の有効期間は、最長で**3ヵ月**である。

解　答 1)

売買契約において、売主が種類または品質に関して契約の内容に適合しない物を買主に引き渡した場合には、買主は適合しないことを知った時から**1年**以内に通知することにより、修理や代替物の引渡し、代金の減額、損害賠償請求、契約解除を請求することができる。

解　答 2)

借地借家法の規定によれば、定期借地権等以外の借地権に係る借地契約を更新する場合において、その期間は、借地権設定後の最初の更新では更新の日から**20年**、それ以降の更新では**10年**とされている。ただし、当事者がこれより長い期間を定めたときは、その期間とされている。

解　答 3)

借地借家法に規定されている定期借地権のうち、いわゆる一般定期借地権では、借地上の建物は用途の制限がなく、存続期間を**50年**以上として設定するものであり、その設定契約は書面等により作成する。

問題16　2019年9月試験

借地借家法に規定されている事業用定期借地権等は、もっぱら事業の用に供する建物の所有を目的とし、存続期間を（　　　）として設定する借地権である。

1)　10年以上20年未満　　2)　10年以上50年未満　　3)　50年以上

問題17　2013年9月試験

借地借家法で規定される定期借地権等のうち、（　　　）の設定を目的とする契約は、公正証書によって締結しなければならない。

1)　一般定期借地権
2)　事業用定期借地権
3)　建物譲渡特約付借地権

問題18　2019年1月試験

借地借家法の規定によれば、建物の賃貸借契約（定期建物賃貸借契約を除く）において、（　　　）未満の期間を賃貸借期間として定めた場合、期間の定めがない賃貸借とみなされる。

1)　1年　　2)　1年6ヵ月　　3)　2年

問題19　2017年9月試験

借地借家法の規定によれば、定期建物賃貸借契約において、賃貸借期間が1年以上である場合には、賃貸人は、期間の満了の1年前から（　　　）前までの間（通知期間）に、賃借人に対して期間の満了により賃貸借が終了する旨の通知をしなければ、その終了を賃借人に対抗することができない。

1)　1ヵ月　　2)　3ヵ月　　3)　6ヵ月

解 答 **2)**

借地借家法に規定されている事業用定期借地権等は、もっぱら事業の用に供する建物の所有を目的とし、存続期間を**10年以上50年未満**として設定する借地権である。

解 答 **2)**

借地借家法で規定される定期借地権等のうち、**事業用定期借地権**の設定を目的とする契約は、公正証書によって締結しなければならない。

解 答 **1)**

借地借家法の規定によれば、建物の賃貸借契約（定期建物賃貸借契約を除く）において、**1年**未満の期間を賃貸借期間として定めた場合、期間の定めがない賃貸借とみなされる。

解 答 **3)**

借地借家法の規定によれば、定期建物賃貸借契約において、賃貸借期間が1年以上である場合には、賃貸人は、期間の満了の1年前から**6ヵ月前**までの間（通知期間）に、賃借人に対して期間の満了により賃貸借が終了する旨の通知をしなければ、その終了を賃借人に対抗することができない。

○×問題

問題 1　2021年5月試験

都市計画法において、市街化調整区域とは、おおむね10年以内に計画的に市街化を図るべき区域である。

問題 2　2014年5月試験

建築物が防火地域および準防火地域にわたる場合においては、原則として、その全部について準防火地域内の建築物に関する規定が適用される。

問題 3　2020年9月試験

建築基準法の規定によれば、建築物の敷地が2つの異なる用途地域にまたがる場合、その全部について、建築物の用途制限がより厳しい地域における建築物の用途に関する規定が適用される。

問題 4　2015年1月試験

建築基準法の規定により、工業地域では住宅を建築することができない。

問題 5　2014年1月試験

建築物の敷地が建蔽率の限度（指定建蔽率）の異なる地域にわたる場合、敷地全体について、敷地の過半の属する地域の指定建蔽率が適用される。

解　答　✕

都市計画法において、**市街化調整区域**とは、市街化を抑制すべき区域である。なお、**市街化区域**とは、すでに市街地を形成している区域、または、おおむね10年以内に計画的に市街化を図るべき区域である。

解　答　✕

建築物が防火地域および準防火地域にわたる場合においては、原則として、その全部について**防火地域内（防火制限の厳しい方）**の建築物に関する規定が適用される。

解　答　✕

建築基準法の規定によれば、建築物の敷地が2つの異なる用途地域にまたがる場合、その全部について、**敷地の過半を占める用途地域**における建築物の用途に関する規定が適用される。

解　答　✕

建築基準法の規定により、**工業専用地域**では住宅を建築することができない。なお、**工業専用地域以外の用途地域では住宅を建築することができる。**

解　答　✕

建築物の敷地が建蔽率の限度（指定建蔽率）の異なる地域にわたる場合、敷地全体について、**それぞれの地域の敷地面積の割合に応じて按分計算して求めた建蔽率が適用される。**

問題 6　2019年1月試験

建築基準法の規定によれば、建蔽率の限度が80％の近隣商業地域内で、かつ、防火地域内にある耐火建築物については、建蔽率に関する制限の規定は適用されない。

問題 7　2011年1月試験

「建物の区分所有等に関する法律」によると、敷地利用権が数人で有する所有権その他の権利である場合には、区分所有者は原則として、専有部分とその専有部分に係る敷地利用権とを分離して処分することができない。

選択問題

問題 8　2019年1月試験 ★

都市計画法の規定によれば、市街化区域内において行う開発行為で、その規模が（　　　）以上である場合、原則として都道府県知事等の許可を受けなければならない。

1）　200㎡　　2）　400㎡　　3）　1,000㎡

問題 9　2021年1月 ★

建築基準法上、第一種低層住居専用地域内においては、原則として、（　　　）を建築することができない。

1）　共同住宅　　2）　ホテル　　3）　老人ホーム

問題10　2020年9月試験 ★

建築基準法の規定によれば、都市計画区域および準都市計画区域内において、建築物の敷地は、原則として幅員（　①　）以上の道路に（　②　）以上接していなければならない。

1）　①　2m　　②　4m
2）　①　4m　　②　2m
3）　①　6m　　②　4m

解　答 ◯

なお、**建蔽率の限度が80％とされている地域外**で、かつ、**防火地域**内にある敷地内に**耐火建築物**を建築する場合、その敷地の建蔽率の上限は、都市計画で定められた値に**10％が加算される**。

解　答 ◯

「建物の区分所有等に関する法律」によると、敷地利用権が数人で有する所有権その他の権利である場合には、区分所有者は原則として、専有部分とその専有部分に係る敷地利用権とを**分離して処分することができない**。

解　答 **3)**

都市計画法の規定によれば、市街化区域内において行う開発行為で、その規模が**1,000㎡以上**である場合、原則として都道府県知事等の許可を受けなければならない。

解　答 **2)**

建築基準法上、第一種低層住居専用地域内においては、原則として、**ホテルを建築する**ことができない。なお、**共同住宅・老人ホームは、工業専用地域以外の地域においては建築することができる**。

解　答 **2)**

建築基準法の規定によれば、都市計画区域および準都市計画区域内において、建築物の敷地は、原則として幅員**4m以上**の道路に**2m以上**接していなければならない。

問題11　2021年1月試験

都市計画区域内にある幅員4m未満の道で、建築基準法第42条第2項により道路とみなされるものについては、原則として、その中心線からの水平距離で（　　　）後退した線がその道路の境界線とみなされる。

1)　2m　　2)　3m　　3)　4m

問題12

建築基準法の規定によれば、第二種低層住居専用地域内における建築物の高さは、原則として（　　　）のうち当該地域に関する都市計画において定められた建築物の高さの限度を超えてはならない。

1)　10mまたは12m　　2)　12mまたは15m　　3)　10mまたは20m

問題13　2018年5月試験

幅員6mの市道に12m接し、面積が300㎡である敷地に、建築面積が120㎡、延べ面積が180㎡の2階建ての住宅を建築する場合、この住宅の建蔽率は、（　　　）となる。

1)　40%　　2)　60%　　3)　100%

問題14　2020年9月試験

幅員6mの市道に12m接する200㎡の敷地に、建築面積が120㎡、延べ面積が180㎡の2階建ての住宅を建築する場合、この住宅の容積率は、（　　　）となる。

1)　60%　　2)　66%　　3)　90%

問題15　2017年5月試験

建築基準法の規定によれば、都市計画区域および準都市計画区域内における防火地域内に耐火建築物を建築する場合、（　　　）について緩和措置を受けることができる。

1)　建蔽率の制限

2)　容積率の制限

3)　建蔽率と容積率の双方の制限

解 答 1)

都市計画区域内にある幅員4m未満の道で、建築基準法第42条第2項により道路とみなされるものについては、原則として、その中心線からの水平距離で**2m後退**した線がその道路の境界線とみなされる。

解 答 1)

建築基準法の規定によれば、第二種低層住居専用地域内における建築物の高さは、原則として**10mまたは12m**のうち当該地域に関する都市計画において定められた建築物の高さの限度を超えてはならない。

解 答 1)

幅員6mの市道に12m接し、面積が300㎡である敷地に、建築面積が120㎡、延べ面積が180㎡の2階建ての住宅を建築する場合、この住宅の建蔽率は、**40%**となる。

$$建蔽率 = \frac{建築面積}{敷地面積} = \frac{120㎡}{300㎡} \times 100 = 40\%$$

解 答 3)

幅員6mの市道に12m接する200㎡の敷地に、建築面積が120㎡、延べ面積が180㎡の2階建ての住宅を建築する場合、この住宅の容積率は、**90%**となる。

$$容積率 = \frac{延べ面積}{敷地面積} = \frac{180㎡}{200㎡} \times 100 = 90\%$$

解 答 1)

建築基準法の規定によれば、都市計画区域および準都市計画区域内における防火地域内に耐火建築物を建築する場合、**建蔽率の制限**について緩和措置を受けることができる。

問題16　2015年5月試験

「建物の区分所有等に関する法律（区分所有法）」の規定によれば、集会においては、区分所有者および議決権の各（　　　）以上の多数で、建物を取り壊し、当該敷地上等に新たな建物を建築する旨の決議（建替え決議）をすることができる。

1)　3分の2　　2)　4分の3　　3)　5分の4

問題17　2021年5月試験

建物の区分所有等に関する法律において、規約の変更は、区分所有者および議決権の各（　　　）以上の多数による集会の決議によらなければならない。

1)　3分の2　　2)　4分の3　　3)　5分の4

問題18　2019年1月試験

農地法の規定によれば、所有する農地を自宅の建築を目的として宅地に転用する場合、原則として（　①　）の許可を受けなければならないが、市街化区域内にある農地において、あらかじめ（　②　）に届出のある場合は、この限りでない。

1)　①　都道府県知事等　　②　農業委員会
2)　①　都道府県知事等　　②　市町村長
3)　①　農業委員会　　②　市町村長

解 答 3)

「建物の区分所有等に関する法律（区分所有法）」の規定によれば、集会においては、区分所有者および議決権の各**5分の4**以上の多数で、建物を取り壊し、当該敷地上等に新たな建物を建築する旨の決議（建替え決議）をすることができる。

解 答 2)

建物の区分所有等に関する法律において、規約の変更は、区分所有者および議決権の各**4分の3**以上の多数による集会の決議によらなければならない。

解 答 1)

農地法の規定によれば、所有する農地を自宅の建築を目的として宅地に転用する場合、原則として**都道府県知事等**の許可を受けなければならないが、市街化区域内にある農地において、あらかじめ**農業委員会**に届出のある場合は、この限りでない。

第5章

第3節　不動産に関する法令上の制限

○×問題

問題 1　2014年1月試験

土地・建物の売買契約書を2通作成し、売主・買主がそれぞれ保管する場合の印紙税の納付は、売主または買主のいずれか一方の契約書に印紙を貼付して消印することにより完了する。

問題 2　2013年5月試験

住宅の貸付は、貸付期間が1ヵ月に満たない場合などを除き、消費税が課されない。

問題 3　2010年5月試験

土地の譲渡には、消費税を課さないこととされている。

問題 4　2021年5月試験

贈与により不動産を取得した場合、不動産取得税は課されない。

問題 5　2019年5月試験

新築の戸建て住宅の取得に対する不動産取得税の課税標準の算定上、「不動産取得税の課税標準の特例」の適用を受けることにより、固定資産税評価額から最高で1,500万円を控除することができる。

解　答　✕

土地・建物の売買契約書を2通作成し、売主・買主がそれぞれ保管する場合、**双方の契約書**について印紙税を納付する必要がある。

解　答　○

居住用としての家屋の貸付け(貸付期間が1ヵ月に満たないものを除く)に係る家賃には、**消費税が課されない**。

解　答　○

土地の譲渡には、**消費税は課されない**。

解　答　✕

贈与により不動産を取得した場合、**不動産取得税は課される**。なお、**相続**により不動産を取得した場合、**不動産取得税は課されない**。

解　答　✕

新築の戸建て住宅の取得に対する不動産取得税の課税標準の算定上、「不動産取得税の課税標準の特例」の適用を受けることにより、固定資産税評価額から最高で**1,200万円**を控除することができる。

問題 6 2016年5月試験

相続による不動産の取得に起因して所有権移転登記を行う場合は、登録免許税は課されない。

問題 7 2013年5月試験

土地・家屋の固定資産税の標準税率は1.4%と定められているが、各市町村は条例によってこれと異なる税率を定めることができる。

★

問題 8 2021年5月試験

「居住用財産を譲渡した場合の3,000万円の特別控除」の適用を受けるためには、譲渡した居住用財産の所有期間が譲渡した日の属する年の1月1日において10年を超えていなければならない。

★

問題 9 2015年5月試験

「居住用財産を譲渡した場合の3,000万円の特別控除の特例」の適用を受けるためには、適用を受けようとする者のその年分の合計所得金額が3,000万円以下でなければならない。

★

問題 10 2019年1月試験

「居住用財産を譲渡した場合の3,000万円の特別控除」は、自己が居住していた家屋を配偶者や子に譲渡した場合には、適用を受けることができない。

問題 11 2013年5月試験

「居住用財産を譲渡した場合の3,000万円の特別控除の特例」は、その前年に同特例の適用を受けていた場合であっても、適用を受けることができる。

解 答	×

相続による不動産の取得に起因して所有権移転登記を行う場合は、**登録免許税は課される**。

解 答	○

なお、土地・家屋の**都市計画税**の制限税率(上限税率)は**0.3%**と定められている。

解 答	×

「居住用財産を譲渡した場合の3,000万円の特別控除」は、譲渡した居住用財産の**所有期間を問わず**適用を受けることができる。

解 答	×

「居住用財産を譲渡した場合の3,000万円の特別控除の特例」は、**適用を受けようとする者のその年分の合計所得金額にかかわらず**、適用を受けることができる。

解 答	○

なお、本特例は、**配偶者や子(直系血族)**の他、**生計を一にする親族**などに譲渡した場合にも、適用を受けることができない。

解 答	×

「居住用財産を譲渡した場合の3,000万円の特別控除の特例」は、譲渡の年の**前年**または**前々年**に同特例の適用を受けていた場合、適用を受けることができない。

問題 12 ★ 2020年9月試験

「被相続人の居住用財産(空き家)に係る譲渡所得の特別控除の特例」の適用を受けるためには、譲渡の対価の額が5,000万円以下でなければならない。

選択問題

問題 13 2017年9月試験

不動産取得税の課税標準は、原則として(　　　)である。

1) 公示価格
2) 固定資産課税台帳に登録された価格
3) 通常の取引価額

問題 14 ★ 2014年1月試験

土地・家屋の固定資産税の納税義務者は、原則として、毎年(　　　)現在において当該土地・家屋の所有者として固定資産課税台帳に登録されている者である。

1) 1月1日　　2) 4月1日　　3) 7月1日

問題 15 ★ 2021年1月試験

固定資産税における小規模住宅用地(住宅用地で住宅1戸当たり200㎡以下の部分)の課税標準については、当該住宅用地に係る固定資産税の課税標準となるべき価格の(　　　)の額とする特例がある。

1) 6分の1　　2) 3分の1　　3) 2分の1

問題 16 2019年5月試験

認定長期優良住宅ではない2階建ての新築住宅に係る固定資産税については、「新築された住宅に対する固定資産税の減額」の適用を受けることにより、新たに固定資産税が課されることとなった年度から3年度分に限り、床面積(　①　)㎡までの部分に相当する税額が(　②　)に減額される。

1) ①　50　　②　4分の1
2) ①　100　　②　3分の1
3) ①　120　　②　2分の1

解答 ✕

「被相続人の居住用財産(空き家)に係る譲渡所得の特別控除の特例」の適用を受けるためには、譲渡の対価の額が**1億円**以下でなければならない。

解答 2)

不動産取得税の課税標準は、原則として**固定資産課税台帳に登録された価格**である。

解答 1)

土地・家屋の固定資産税の納税義務者は、原則として、毎年**1月1日**現在において当該土地・家屋の所有者として固定資産課税台帳に登録されている者である。

解答 1)

固定資産税における小規模住宅用地(住宅用地で住宅1戸当たり200㎡以下の部分)の課税標準については、当該住宅用地に係る固定資産税の課税標準となるべき価格の**6分の1**の額とする特例がある。

解答 3)

認定長期優良住宅ではない2階建ての新築住宅に係る固定資産税については、「新築された住宅に対する固定資産税の減額」の適用を受けることにより、新たに固定資産税が課されることとなった年度から3年度分に限り、床面積**120㎡**までの部分に相当する税額が**2分の1**に減額される。

★ **問題17** 2014年9月試験

都市計画税は、都市計画法による都市計画区域のうち、原則として（　　　）に所在する土地および家屋の所有者に対して課される。

1) 市街化調整区域内　　2) 非線引きの区域内　　3) 市街化区域内

問題18 2021年1月試験

自己が居住していた家屋を譲渡する場合、その家屋に自己が居住しなくなった日から（　①　）を経過する日の属する年の（　②　）までの譲渡でなければ、「居住用財産を譲渡した場合の3,000万円の特別控除」の適用を受けることができない。

1)　①　1年　　　②　12月31日
2)　①　3年　　　②　3月15日
3)　①　3年　　　②　12月31日

問題19 2017年1月試験

「居住用財産を譲渡した場合の長期譲渡所得の課税の特例」（軽減税率の特例）の適用を受けることができる場合、その所得税額（復興特別所得税を含まない）は下記の表のとおり計算される。なお、他の所得や所得控除等は考慮しないものとする。

課税長期譲渡所得金額	所得税額（復興特別所得税を含まない）
6,000万円以下の場合	課税長期譲渡所得金額×（　①　）
6,000万円超の場合	（課税長期譲渡所得金額−6,000万円）×（　②　）＋600万円

1)　①　5%　　　②　10%
2)　①　10%　　②　15%
3)　①　15%　　②　20%

★ **問題20** 2018年1月試験

居住用財産を譲渡した場合の長期譲渡所得の課税の特例（軽減税率の特例）は、譲渡した（　①　）において、その所有期間が（　②　）を超えていなければ適用を受けることができない。

1)　①　日の属する年の1月1日　　②　20年
2)　①　日の属する年の1月1日　　②　10年
3)　①　日　　　　　　　　　　　②　20年

解 答 **3)**

都市計画税は、都市計画法による都市計画区域のうち、原則として**市街化区域内**に所在する土地および家屋の所有者に対して課される。

解 答 **3)**

自己が居住していた家屋を譲渡する場合、その家屋に自己が居住しなくなった日から**3年**を経過する日の属する年の**12月31日**までの譲渡でなければ、「居住用財産を譲渡した場合の3,000万円の特別控除」の適用を受けることができない。

解 答 **2)**

居住用財産の譲渡について、長期譲渡所得の課税の特例（軽減税率の特例）の適用を受ける場合の所得税額は、下記の表のとおり計算される。

課税長期譲渡所得金額	所得税額（復興特別所得税を含まない）
6,000万円以下の場合	課税長期譲渡所得金額×10%
6,000万円超の場合	（課税長期譲渡所得金額−6,000万円）×15%+600万円

解 答 **2)**

居住用財産を譲渡した場合の長期譲渡所得の課税の特例（軽減税率の特例）は、譲渡した**日の属する年の1月1日**において、その所有期間が**10年**を超えていなければ適用を受けることができない。

個人が自宅の土地および建物を譲渡し、「特定の居住用財産の買換えの場合の長期譲渡所得の課税の特例」の適用を受けるためには、譲渡した年の1月1日において当該譲渡資産の所有期間が（ ① ）を超えていることや、当該譲渡資産の譲渡対価の額が（ ② ）以下であることなどの要件を満たす必要がある。

1) ① 5年 ② 1億円
2) ① 5年 ② 1億6,000万円
3) ① 10年 ② 1億円

解　答　3)

個人が自宅の土地および建物を譲渡し、「特定の居住用財産の買換えの場合の長期譲渡所得の課税の特例」の適用を受けるためには、譲渡した年の1月1日において当該譲渡資産の所有期間が**10年**を超えていることや、当該譲渡資産の譲渡対価の額が**1億円**以下であることなどの要件を満たす必要がある。

第5章

第4節　不動産に係る税金

○×問題

問題 1　2021年9月試験

土地の有効活用において、一般に、土地所有者が入居予定の事業会社から建設資金を借り受けて、事業会社の要望に沿った店舗等を建設し、その店舗等を事業会社に賃貸する手法を、事業用定期借地権方式という。

選択問題

問題 2　2013年5月試験

不動産投資の採算性の評価に用いられる純利回り（NOI利回り）は、純収益を（　　　）で除して算出する。

1)　年間実質費用　　2)　投資総額　　3)　年間収入の合計額

問題 3　2018年1月試験

投資総額2億円の賃貸用不動産の年間収入の合計額が2,000万円、年間費用の合計額が400万円である場合、この投資の純利回り（NOI利回り）は、（　　　）である。

1)　2%　　2)　8%　　3)　10%

問題 4　2020年9月試験

土地の有効活用方式のうち、一般に、土地所有者が土地の全部または一部を拠出し、デベロッパーが建設費等を拠出して、それぞれの出資比率に応じて土地・建物に係る権利を取得する方式を、（　　　）という。

1)　事業受託方式　　2)　建設協力金方式　　3)　等価交換方式

解 答 ✕

土地の有効活用において、一般に、土地所有者が入居予定の事業会社から建設資金を借り受けて、事業会社の要望に沿った店舗等を建設し、その店舗等を事業会社に賃貸する手法を、**建設協力金方式**という。

解 答 2)

不動産投資の採算性の評価に用いられる純利回り（NOI利回り）は、純収益を**投資総額**で除して算出する。

解 答 2)

投資総額2億円の賃貸用不動産の年間収入の合計額が2,000万円、年間費用の合計額が400万円である場合、この投資の純利回り（NOI利回り）は、**8%**である。

$$純利回り（NOI利回り）= \frac{純収益}{投資総額} \times 100$$

$$= \frac{2,000万円 - 400万円}{2億円} \times 100 = 8\%$$

解 答 3)

土地の有効活用方式のうち、一般に、土地所有者が土地の全部または一部を拠出し、デベロッパーが建設費等を拠出して、それぞれの出資比率に応じて土地・建物に係る権利を取得する方式を、**等価交換方式**という。

まとめ

<不動産の登記記録>

表題部		土地	土地の所在、地番、地目などの表示に関する事項
		建物	建物の家屋番号、構造、床面積などの表示に関する事項
権利部	甲区		所有権に関する事項
	乙区		抵当権などの所有権以外の権利に関する事項

<区分所有法の特別決議>

規約の設定・変更	区分所有者および議決権の各4分の3
建替え決議	区分所有者および議決権の各5分の4

<土地の価格>

	公示価格	標準価格	路線価	固定資産税評価額
評 価 機 関	国土交通省	都道府県	国税庁	市町村
基 準 日	1月1日	7月1日	1月1日	1月1日
評 価 替 え	毎年	毎年	毎年	3年に1度
発 表 時 期	3月末頃	9月末頃	7月頃	（公表なし）
評 価 割 合	——	——	公示価格の80%	公示価格の70%
目 的	土地取引の指標・公共事業に係る補償金の算定基準	公示価格を補完	相続税・贈与税課税のため	固定資産税などの課税のため

<借家契約>

普通借家契約	1年未満の期間を賃貸借期間として定めた場合、期間の定めのない賃貸借契約とみなされる
定期借家契約	1年未満の期間を賃貸借期間として定めた場合でも、その契約は有効

<書面等による契約が必要な借地借家契約>

定期借家契約	必要（公正証書でなくてもよい）
事業用定期借地権等	公正証書による契約に限定

＜都市計画法＞

市街化区域	すでに市街地を形成している区域およびおおむね10年以内に優先的かつ計画的に市街化を図るべき区域
市街化調整区域	市街化を抑制すべき区域
市街化区域内において行う開発行為	原則としてその規模が1,000㎡以上であるものは、都道府県知事等の許可を受けなければならない

＜建築基準法＞

接道義務	建築物の敷地は、原則として幅員4m以上の道路に2m以上接していなければならない
工業専用地域	この用途地域では住宅を建築することができない
建蔽率	建築物の建築面積の敷地面積に対する割合
容積率	建築物の延べ面積の敷地面積に対する割合

※　建蔽率の緩和・適用除外

特定行政庁の指定する角地にある敷地に建築物を建築する場合	10%加算
建蔽率の制限が80%の地域外で、かつ、防火地域内に耐火建築物または準防火地域内に耐火建築物・準耐火建築物を建築する場合	
建蔽率の制限が80%の地域内で、かつ、防火地域内に耐火建築物を建築する場合	建蔽率の制限なし

＜最大建築面積・最大延べ面積の計算＞

最大建築面積＝敷地面積×建蔽率
最大延べ面積＝敷地面積×容積率　※前面道路の幅員による制限あり

＜2つの地域にまたがる場合＞

防火規制が異なる場合	厳しい方の規制に従う
用途地域が異なる場合	過半の属する地域の用途制限に従う
建蔽率（容積率）が異なる場合	それぞれの地域の敷地面積の割合に応じて按分計算して求めた建蔽率（容積率）となる

第5章　まとめ

<不動産に係る税金>

印紙税	売買契約書などに印紙を貼付して消印することで納付する
消費税	土地の譲渡や土地・住宅の貸付け(貸付期間が1ヵ月に満たない場合を除く)には、消費税は課税されない
登録免許税	所有権の移転登記を行う際などにかかる税金であり、移転登記の際の課税標準は、所有権移転登記をしたときにおける不動産の価額(固定資産税評価額)となる
不動産取得税	相続により取得した場合は課税されない
固定資産税	毎年1月1日現在の土地・家屋の所有者に課税される 小規模住宅用地(住宅1戸につき200㎡までの部分)の課税標準は、課税標準となるべき価格の6分の1となる
都市計画税	市街化区域内に所在する土地および家屋の所有者に課税される

<居住用財産を譲渡した場合の特例>

	所有期間要件
3,000万円特別控除	なし
軽減税率の特例	10年超
買換えの特例	10年超

<居住用財産を譲渡した場合の特例の併用>

	3,000万円特別控除	軽減税率の特例	買換えの特例
3,000万円特別控除	―	○	×
軽減税率の特例	○	―	×
買換えの特例	×	×	―

第6章

相続・事業承継

頻出項目ポイント

- **相続と法律**
  相続人と相続分、遺産分割、相続の承認と放棄
- **遺贈**
  自筆証書遺言、公正証書遺言、遺留分
- **贈与税**
  生命保険金等、基礎控除、配偶者控除
  相続時精算課税制度
- **相続と税金**
  死因贈与、遺産に係る基礎控除
  生命保険金等の非課税金額、債務控除
  相続税額の2割加算、配偶者の税額軽減
  相続税の申告
- **財産評価**
  貸家、貸宅地、貸家建付地、小規模宅地等の評価減
  上場株式、取引相場のない株式
  生命保険契約に関する権利

○×問題

問題 1　　2019年5月試験

相続人が相続の放棄をする場合は、原則として、自己のために相続の開始があったことを知った時から10ヵ月以内に、家庭裁判所にその旨を申述しなければならない。

問題 2　　2018年9月試験

相続において、実子と養子または嫡出子と嫡出でない子の区別によって、相続人の順位に違いはない。

問題 3　　2018年1月試験

民法上、被相続人の嫡出子と嫡出でない子の法定相続分は同じである。

問題 4　　2012年1月試験

被相続人の子が、被相続人の相続の開始以前に死亡している場合、その者（被相続人の子）の配偶者が代襲相続人となる。

問題 5　　2014年9月試験

被相続人の遺言が残されていない場合、共同相続人は、必ず法定相続分どおりに遺産を分割しなければならない。

解　答	×

相続人が相続の放棄をする場合は、原則として、自己のために相続の開始があったことを知った時から**3ヵ月**以内に、家庭裁判所にその旨を申述しなければならない。

解　答	○

相続において、実子と養子または嫡出子と嫡出でない子の区別によって、**相続人の順位に違いはない**。

解　答	○

民法上、被相続人の嫡出子と嫡出でない子の**法定相続分は同じである**。

解　答	×

被相続人の子が、被相続人の相続の開始以前に死亡している場合、**その者(被相続人の子)の子(被相続人の孫)が代襲相続人となる**。

解　答	×

被相続人の遺言が残されていない場合、共同相続人は、遺産分割協議により遺産を分割することになる。この場合、共同相続人全員の合意があれば、必ずしも、法定相続人に従う必要はなく、**法定相続分と異なる遺産分割を行うこともできる**。

問題 6 2019年1月試験

遺産分割において、共同相続人の1人または数人が、遺産の一部または全部を相続により取得し、他の共同相続人に対して生じた債務を金銭などの財産で負担する方法を代償分割という。

問題 7 2017年9月試験

成年後見制度には法定後見制度と任意後見制度があり、法定後見制度には後見・保護・補助の3つがある。

 問題 8 2020年1月試験

自筆証書遺言を作成する場合において、自筆証書に添付する財産目録については、自書によらずにパソコンで作成しても差し支えない。

 問題 9 2016年1月試験

公正証書遺言の方式により遺言書を作成する場合、証人の立会は不要である。

 問題 10 2018年5月試験

公正証書遺言を作成した公証人は、遺言者の相続の開始を知った後、その遺言書を家庭裁判所に提出して検認を請求しなければならない。

| 解 答 | ○ |

遺産分割において、共同相続人の1人または数人が、遺産の一部または全部を相続により取得し、他の共同相続人に対して生じた債務を金銭などの財産で負担する方法を**代償分割**という。

| 解 答 | × |

成年後見制度には法定後見制度と任意後見制度があり、法定後見制度には後見・**保佐**・補助の3つがある。

| 解 答 | ○ |

自筆証書遺言を作成する場合において、自筆証書に添付する**財産目録**については、**自書によらずにパソコンで作成しても差し支えない**。

| 解 答 | × |

公正証書遺言の方式により遺言書を作成する場合、証人**2人以上**の立会が必要である。

| 解 答 | × |

公正証書遺言は、**検認を要しない**。

選択問題

DATE

/　/　/

 問題**11**　2015年5月試験

下記の親族関係図において、Aの相続における妻Bの法定相続分は（　　　）である。

```
(既に死亡)父 ══ 母

      被相続人A ══ 妻B

            子
```

1)　3分の1　　2)　2分の1　　3)　3分の2

DATE

/　/　/

問題**12**　2015年1月試験

下記の親族関係図において、Aの相続における子Bの法定相続分は（　　　）である。

```
被相続人A ══ 配偶者

   子B    子C    子D
```

1)　3分の1　　2)　4分の1　　3)　6分の1

DATE

/　/　/

問題**13**　2018年9月試験

下記の親族関係図において、Aの相続における妻Bの法定相続分は（　　　）である。

```
         父 ══ 母

妻B ══ 被相続人A      弟
```

1)　2分の1　　2)　3分の2　　3)　4分の3

解　答 2)

Aの相続における妻Bの法定相続分は、**2分の1**である。
〔法定相続人と法定相続分〕
妻B……1/2
子……1/2

解　答 3)

Aの相続における子Bの法定相続分は、**6分の1**である。
〔法定相続人と法定相続分〕
配偶者……1/2
子B、子C、子D……$1/2 \times 1/3 = 1/6$

解　答 2)

Aの相続における妻Bの法定相続分は、**3分の2**である。
〔法定相続人と法定相続分〕
妻B……2/3
父、母……$1/3 \times 1/2 = 1/6$

問題14　　2021年5月試験

下記の親族関係図において、Aの相続における妻Bの法定相続分は（　　　）である。

（既に死亡）父 ━━━━ 母（既に死亡）

被相続人A ━━━━ 妻B　　　　姉C

1)　2分の1　　　2)　3分の2　　　3)　4分の3

問題15　　2011年5月試験

下記の親族関係図において、Aの相続における孫Fの法定相続分は（　　　）である。なお、子Dは、Aの相続開始前に死亡している。

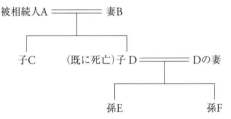

被相続人A ━━━━ 妻B

子C　　（既に死亡）子D ━━━━ Dの妻

孫E　　　　　　孫F

1)　4分の1　　　2)　6分の1　　　3)　8分の1

問題16　　2018年9月試験

遺留分算定の基礎となる財産の価額が1億2,000万円で、相続人が被相続人の妻、長女、二女の合計3人である場合、妻の遺留分の金額は（　　　）となる。

1)　2,000万円　　　2)　3,000万円　　　3)　6,000万円

196

解 答 **3)**

Aの相続における妻Bの法定相続分は、**4分の3**である。

〔法定相続人と法定相続分〕

妻B……3/4

姉C……1/4

解 答 **3)**

Aの相続における孫Fの法定相続分は、**8分の1**である。

〔法定相続人と法定相続分〕

妻B……1/2

子C……1/2×1/2＝1/4

孫E、孫F……1/2×1/2×1/2＝1/8

解 答 **2)**

遺留分算定の基礎となる財産の価額が1億2,000万円で、相続人が被相続人の妻、長女、二女の合計3人である場合、妻の遺留分の金額は**3,000万円**となる。

なお、相続人が直系尊属のみ以外（妻、長女、二女）に該当するため、遺留分は「1/2」となり、各相続人の具体的な遺留分は、遺留分算定の基礎となる財産の価額に遺留分と法定相続分を乗じて計算する。

妻　　　　　　：　1億2,000万円　×1/2×　1/2　＝3,000万円

長女および二女：　1億2,000万円　×1/2×　1/2×1/2　＝1,500万円

○×問題

★ | 問題 1 | 2018年1月試験

贈与の効力は、当事者の一方が自己の財産を無償で相手に与える意思を表示することにより生じ、相手方がこれを受諾する必要はない。

| 問題 2 | 2021年1月試験

書面によらない贈与契約は、既に履行が終わった部分を除き、各当事者が解除をすることができる。

| 問題 3 | 2018年5月試験

住宅ローンが残っているマンションを贈与し、受贈者がそのローン残高を引き継ぐといったように、受贈者に一定の債務を負担させる贈与契約を、負担付贈与契約という。

| 問題 4 | 2019年1月試験

贈与税の納付については、納期限までに金銭で納付することを困難とする事由があるなど、所定の要件を満たせば、延納または物納によることが認められている。

| 問題 5 | 2020年9月試験

個人が法人からの贈与により取得した財産については、原則として贈与税の課税対象となり、所得税は課されない。

| 解 答 | × |

贈与の効力は、当事者の一方が自己の財産を無償で相手に与える意思を表示し、かつ、**相手方がこれを受諾し**、両者の意思表示が合致したときに生じる。

| 解 答 | ○ |

書面によらない贈与契約は、**既に履行が終わった部分を除き**、**各当事者が解除をすること**ができる。

| 解 答 | ○ |

住宅ローンが残っているマンションを贈与し、受贈者がそのローン残高を引き継ぐといったように、受贈者に一定の債務を負担させる贈与契約を、**負担付贈与契約**という。

| 解 答 | × |

贈与税の納付については、納期限までに金銭で納付することを困難とする事由があるなど、所定の要件を満たせば、延納は認められるが、**物納は認められない**。

| 解 答 | × |

個人が法人からの贈与により取得した財産については、原則として**所得税の課税対象となり、贈与税は課されない**。

問題 6　2020年9月試験

個人間において著しく低い価額で財産の譲渡が行われた場合、原則として、その譲渡があった時の譲渡財産の時価と支払った対価との差額に相当する金額について、贈与税の課税対象となる。

問題 7　2020年9月試験

「直系尊属から教育資金の一括贈与を受けた場合の贈与税の非課税」は、受贈者の贈与を受けた年の前年分の所得税に係る合計所得金額が1,000万円を超える場合、適用を受けることができない。

問題 8　2021年1月試験

「直系尊属から住宅取得等資金の贈与を受けた場合の贈与税の非課税」は、相続時精算課税と併用して適用を受けることができる。

問題 9　2014年1月試験

相続時精算課税制度の適用を受けた財産は、贈与者の相続に係る相続税の計算において、贈与時の価額によって相続税の課税価格に加算する。

問題10　2013年5月試験

相続時精算課税制度の適用要件のひとつとして、受贈者の年齢は、贈与を受けた年の1月1日時点で16歳以上でなければならない。

解 答	○

個人間において著しく低い価額で財産の譲渡が行われた場合、原則として、その譲渡が
あった時の**譲渡財産の時価と支払った対価との差額に相当する金額**について、贈与税の
課税対象となる。

解 答	○

「直系尊属から教育資金の一括贈与を受けた場合の贈与税の非課税」は、受贈者の贈与を
受けた年の前年分の所得税に係る合計所得金額が**1,000万円**を超える場合、適用を受
けることができない。

解 答	○

「直系尊属から住宅取得等資金の贈与を受けた場合の贈与税の非課税」は、相続時精算課
税と併用して適用を受けることができる。
なお、併用する場合には、相続時精算課税の贈与者が60歳未満の場合についても相続時
精算課税制度の適用を受けることができる。

解 答	○

相続時精算課税制度の適用を受けた財産は、贈与者の相続に係る相続税の計算におい
て、**相続時ではなく、贈与時の価額によって相続税の課税価格に加算する**。

解 答	×

相続時精算課税制度の適用要件のひとつとして、受贈者の年齢は、贈与を受けた年の
1月1日時点で**18歳**以上でなければならない。

問題11　2018年5月試験

贈与契約における財産の取得時期は、原則として、書面による贈与の場合は（　①　）、書面によらない贈与の場合は（　②　）とされる。

1)　①　贈与契約の効力が発生した時　　②　贈与の履行があった時

2)　①　贈与の履行があった時　　②　贈与の意思表示をした時

3)　①　贈与契約の効力が発生した時　　②　贈与の意思表示をした時

★　問題12　2019年5月試験

生命保険契約において、契約者（＝保険料負担者）が夫、被保険者が妻、死亡保険金受取人が子である場合、子が受け取る死亡保険金は、（　　　）の課税対象となる。

1)　相続税　　2)　贈与税　　3)　所得税

★　問題13　2019年1月試験

贈与税の申告書は、原則として、贈与を受けた年の翌年の（　①　）から3月15日までの間に、（　②　）の納税地の所轄税務署長に提出しなければならない。

1)　①　2月1日　　②　受贈者

2)　①　2月1日　　②　贈与者

3)　①　2月16日　　②　受贈者

★　問題14　2012年1月試験

暦年課税における贈与税の基礎控除額は（　　　）である。

1)　103万円　　2)　110万円　　3)　130万円

解 答 1)

贈与契約における財産の取得時期は、原則として、書面による贈与の場合は**贈与契約の効力が発生した時**、書面によらない贈与の場合は**贈与の履行があった時**とされる。

解 答 2)

生命保険契約において、契約者（＝保険料負担者）が夫、被保険者が妻、死亡保険金受取人が子である場合、子が受け取る死亡保険金は、**贈与税**の課税対象となる。

解 答 1)

贈与税の申告書は、原則として、贈与を受けた年の翌年の**2月1日**から3月15日までの間に、**受贈者**の納税地の所轄税務署長に提出しなければならない。

解 答 2)

暦年課税における贈与税の基礎控除額は**110万円**である。

第6章

第2節　贈与と法律・税金

問題 15　2015年5月試験

「贈与税の配偶者控除」の適用を受けるためには、婚姻期間が（　　　）以上である配偶者からの居住用不動産または居住用不動産を取得するための金銭の贈与でなければならない。

1)　10年　　2)　20年　　3)　30年

問題 16　2018年1月試験

贈与税の配偶者控除の適用を受ける場合、暦年課税の適用を受けている受贈者がその年に贈与税の申告で課税価格から控除することができる金額は、基礎控除額も含めて最高（　　　）である。

1)　1,110万円　　2)　2,000万円　　3)　2,110万円

問題 17　2021年5月試験

「直系尊属から結婚・子育て資金の一括贈与を受けた場合の贈与税の非課税」の適用を受けた場合、受贈者1人につき（　　　）までは贈与税が非課税となる。

1)　1,000万円　　2)　1,200万円　　3)　1,500万円

問題 18　2019年5月試験

「直系尊属から住宅取得等資金の贈与を受けた場合の贈与税の非課税」の適用を受けることができる受贈者は、贈与を受けた日の属する年の1月1日において（　①　）以上であり、その年分の所得税に係る合計所得金額が（　②　）以下であるなどの要件を満たす者とされている。

1)　①　16歳　　②　1,000万円
2)　①　18歳　　②　2,000万円
3)　①　18歳　　②　1,000万円

問題 19　2019年9月試験

相続時精算課税の適用を受けた場合、110万円の基礎控除額とは別に特定贈与者ごとに累計（　　　）までの特別控除額を控除できる。

1)　1,500万円　　2)　2,000万円　　3)　2,500万円

解 答 2)

「贈与税の配偶者控除」の適用を受けるためには、婚姻期間が**20年**以上である配偶者からの居住用不動産または居住用不動産を取得するための金銭の贈与でなければならない。

解 答 3)

贈与税の配偶者控除の適用を受ける場合、暦年課税の適用を受けている受贈者がその年に贈与税の申告で課税価格から控除することができる金額は、基礎控除額（110万円）も含めて最高**2,110万円**である。

解 答 1)

「直系尊属から結婚・子育て資金の一括贈与を受けた場合の贈与税の非課税」の適用を受けた場合、受贈者1人につき**1,000万円**までは贈与税が非課税となる。

解 答 2)

「直系尊属から住宅取得等資金の贈与を受けた場合の贈与税の非課税」の適用を受けることができる受贈者は、贈与を受けた日の属する年の1月1日において**18歳**以上であり、その年分の所得税に係る合計所得金額が**2,000万円**以下であるなどの要件を満たす者とされている。

解 答 3)

相続時精算課税の適用を受けた場合、110万円の基礎控除額とは別に特定贈与者ごとに累計**2,500万円**までの特別控除額を控除できる。

第6章

第2節 贈与と法律・税金

第3節 相続と税金

テキストP.339〜

○×問題

問題 1　2014年9月試験

死因贈与により受贈者が取得した財産は、贈与税の課税対象となる。

問題 2　2018年9月試験

生命保険契約において、契約者(=保険料負担者)および被保険者がAさん、死亡保険金受取人がAさんの配偶者Bさんである場合、Aさんの死亡によりBさんが受け取る死亡保険金は、相続税の課税対象となる。

問題 3　2013年9月試験

相続または遺贈によって財産を取得した者が、相続開始の年において被相続人から贈与により取得した財産の価額は、原則として相続税の課税価格に算入され、贈与税の課税価格には算入されない。

問題 4　2010年5月試験

被相続人が生前に取得した墓地、墓石、仏壇、仏具は、原則として相続税の課税価格に算入しない。

問題 5　2019年5月試験

相続財産の評価において、相続開始時に保険事故が発生していない生命保険契約に関する権利の価額は、原則として、既払込保険料相当額によって評価する。

解 答 ✕

死因贈与によって取得した財産は、**贈与税ではなく、相続税の課税対象となる。**

解 答 ◯

生命保険契約において、契約者(＝保険料負担者)および被保険者がAさん、死亡保険金受取人がAさんの配偶者Bさんである場合、Aさんの死亡によりBさんが受け取る死亡保険金は、**相続税の課税対象となる。**

解 答 ◯

相続または遺贈によって財産を取得した者が、相続開始の年において被相続人から贈与により取得した財産の価額は、原則として**相続税の課税価格に算入され、贈与税の課税価格には算入されない。**

解 答 ◯

被相続人が生前に取得した墓地、墓石、仏壇、仏具は、原則として**相続税の課税価格に算入しない。**

解 答 ✕

相続財産の評価において、相続開始時に保険事故が発生していない生命保険契約に関する権利の価額は、原則として、**解約返戻金の額**によって評価する。

問題 6 2021年5月試験

相続人が負担した被相続人の葬式の際の香典返戻費用は、相続税の課税価格の計算上、葬式費用として控除することができる。

問題 7 2019年9月試験

初七日や四十九日などの法会に要した費用は、相続税の課税価格の計算上、葬式費用として控除することができる。

問題 8 2019年9月試験

相続税額の計算における遺産に係る基礎控除額は、「3,000万円+(500万円×法定相続人の数)」により算出する。

問題 9 2015年5月試験

相続税の「遺産に係る基礎控除額」を計算する際の法定相続人の数は、相続人のうちに相続を放棄した者がいる場合、その放棄がなかったものとしたときの相続人の数となる。

問題10 2016年5月試験

相続税の基礎控除額の計算上、法定相続人の数に含める被相続人の養子の数は、被相続人に実子がいる場合、2人までである。

問題11 2019年9月試験

特別養子縁組によって養子となった者については、原則として、養子縁組の成立と同時に、実方の父母との法律上の親族関係が終了する。

解　答　✕

相続人が負担した被相続人の葬式の際の香典返戻費用は、相続税の課税価格の計算上、**葬式費用として控除することができない。**

解　答　✕

初七日や四十九日などの法会に要した費用は、相続税の課税価格の計算上、**葬式費用として控除することができない。**

解　答　✕

相続税額の計算における遺産に係る基礎控除額は、「**3,000万円＋（600万円×法定相続人の数）**」により算出する。

解　答　◯

相続税の「遺産に係る基礎控除額」を計算する際の法定相続人の数は、**相続人のうちに相続を放棄した者がいる場合、その放棄がなかったものとしたときの相続人の数となる。**

解　答　✕

相続税の基礎控除額の計算上、法定相続人の数に含める被相続人の養子の数は、被相続人に実子がいる場合、**1人までである。**

解　答　◯

特別養子縁組によって養子となった者については、原則として、養子縁組の成立と同時に、**実方の父母との法律上の親族関係が終了する。**

問題12　2019年5月試験

被相続人の相続開始前に死亡している被相続人の子を代襲して相続人となった被相続人の孫が相続により財産を取得した場合、相続税額の計算上、相続税額の2割加算の対象となる。

問題13　2021年1月試験

相続税額の計算において、「配偶者に対する相続税額の軽減」の適用を受けることにより、納付すべき相続税額が算出されない場合、相続税の申告書を提出する必要はない。

問題14　2017年5月試験

相続税の計算において、「配偶者に対する相続税額の軽減」の適用を受けるためには、相続が開始した日において被相続人との婚姻期間が20年以上でなければならない。

選択問題

問題15　2018年5月試験

相続税の申告書の提出は、原則として、その相続の開始があったことを知った日の翌日から（　　　　）以内にしなければならない。

1)　4ヵ月　　2)　6ヵ月　　3)　10ヵ月

問題16　2018年5月試験

相続税の計算において、相続人が受け取った死亡保険金の非課税限度額は、「（　①　）×法定相続人の数」の算式により算出するが、相続人のうち相続の放棄をした者がいる場合、当該法定相続人の数は、相続を放棄した者を（　②　）人数とされる。

1)　①　500万円　　②　含む
2)　①　500万円　　②　含まない
3)　①　600万円　　②　含む

解 答 ×

被相続人の相続開始前に死亡している被相続人の子を代襲して相続人となった被相続人の孫が相続により財産を取得した場合、相続税額の計算上、**相続税額の2割加算の対象とならない**。

解 答 ×

相続税額の計算において、「配偶者に対する相続税額の軽減」の適用を受けることにより、納付すべき相続税額が算出されない場合、**相続税の申告書を提出する必要がある**。

解 答 ×

相続税の計算において、「配偶者に対する相続税額の軽減」の適用を受けるための要件に**婚姻期間の長短はない**。

解 答 **3)**

相続税の申告書の提出は、原則として、その相続の開始があったことを知った日の翌日から**10ヵ月**以内にしなければならない。

解 答 **1)**

相続税の計算において、相続人が受け取った死亡保険金の非課税限度額は、「**500万円**×法定相続人の数」の算式により算出するが、相続人のうち相続の放棄をした者がいる場合、当該法定相続人の数は、相続を放棄した者を**含む**人数とされる。

問題17 　2012年5月試験

被相続人の業務外の死亡により、相続人が雇用主から受ける弔慰金については、被相続人の死亡時における普通給与の（　　　）に相当する金額までは、相続税の課税対象とならない。

1）　6ヵ月分　　2）　1年分　　3）　3年分

問題18 　2020年9月試験

相続税額の計算上、未成年者控除額は、原則として、（　①　）万円に（　②　）未満の法定相続人が（　②　）に達するまでの年数を乗じて算出する。

1）　①　10　　②　18歳
2）　①　5　　②　20歳
3）　①　10　　②　20歳

★ 問題19 　2018年1月試験

相続税を計算するときは、被相続人が残した債務（被相続人が死亡した時にあった債務で確実と認められるもの）を遺産総額から差し引くことができるが、（　　　）については、差し引くことができない。

1）　銀行等からの借入金
2）　墓地購入の未払代金
3）　被相続人の所得税の未納分

★ 問題20 　2018年9月試験

下記の親族関係図において、Aさんの相続における相続税額の計算上、遺産に係る基礎控除額は（　　　）である。なお、二男は相続の放棄をするものとする。

1）　4,800万円　　2）　5,400万円　　3）　8,000万円

解 答 1)

被相続人の業務外の死亡により、相続人が雇用主から受ける弔慰金については、被相続人の死亡時における普通給与の**6ヵ月分**に相当する金額までは、相続税の課税対象とならない。

解 答 1)

相続税額の計算上、未成年者控除額は、原則として、**10万円**に**18歳**未満の法定相続人が**18歳**に達するまでの年数を乗じて算出する。

解 答 2)

相続税を計算するときは、被相続人が残した債務（被相続人が死亡した時にあった債務で確実と認められるもの）を遺産総額から差し引くことができるが、**墓地購入の未払代金**については、差し引くことができない。

解 答 2)

Aさんの相続における相続税額の計算上、遺産に係る基礎控除額は**5,400万円**である。
3,000万円＋600万円×4（法定相続人の数）※＝5,400万円
※ 妻、長男、二男、三男（法定相続人の数には相続放棄者も含める）

問題21　2021年1月試験

相続により、被相続人の(　　　)が財産を取得した場合、その者は相続税額の2割加算の対象となる。

1)　兄弟姉妹　　2)　父母　　3)　孫(子の代襲相続人)

問題22　2020年1月試験

被相続人の直系卑属で当該被相続人の養子となっている者(いわゆる孫養子)は、代襲相続人である場合を除き、相続税額の(　　　)加算の対象となる。

1)　1割　　2)　2割　　3)　3割

問題23　2019年9月試験

「配偶者に対する相続税額の軽減」の適用を受けた場合、配偶者の相続税の課税価格が、相続税の課税価格の合計額に対する配偶者の法定相続分相当額または(　　　)のいずれか多い金額までであれば、原則として、配偶者の納付すべき相続税額は算出されない。

1)　1億2,000万円　　2)　1億6,000万円　　3)　1億8,000万円

解答 1)

相続により、被相続人の**兄弟姉妹**が財産を取得した場合、その者は相続税額の2割加算の対象となる。

解答 2)

被相続人の直系卑属で当該被相続人の養子となっている者(いわゆる孫養子)は、代襲相続人である場合を除き、相続税額の**2割**加算の対象となる。

解答 2)

「配偶者に対する相続税額の軽減」の適用を受けた場合、配偶者の相続税の課税価格が、相続税の課税価格の合計額に対する配偶者の法定相続分相当額または**1億6,000万円**のいずれか多い金額までであれば、原則として、配偶者の納付すべき相続税額は算出されない。

第6章
第3節 相続と税金

○×問題

DATE
/ /
/ /
/ /

問題 1　2017年9月試験

宅地の相続税評価の基礎となる路線価は、路線（道路）に面する標準的な宅地の1㎡当たりの価額である。

DATE
/ /
/ /
/ /

問題 2　2019年1月試験

相続税の計算において、被相続人が所有している宅地に被相続人名義の賃貸マンションを建築して賃貸の用に供していた場合、当該宅地は貸宅地として評価される。

DATE
/ /
/ /
/ /

問題 3　2021年5月試験

被相続人の配偶者が、被相続人の居住の用に供されていた宅地を相続により取得した後、当該宅地を相続税の申告期限までに売却した場合、当該宅地は、相続税の課税価格の計算上、特定居住用宅地等として「小規模宅地等についての相続の課税価格の計算の特例」の適用を受けることができない。

DATE
/ /
/ /
/ /

問題 4　2018年1月試験

上場株式の相続税評価額は、原則として、その株式が上場されている金融商品取引所の公表する課税時期の最終価格によって評価した価額と、その課税時期の属する月以前2ヵ月間の毎日の最終価格の平均額のうちいずれか高い価額となる。

DATE
/ /
/ /
/ /

問題 5　2020年1月試験

取引相場のない株式の相続税評価において、純資産価額方式とは、評価会社の株式の価額を、評価会社と事業内容が類似した上場会社の株価および配当金額、利益金額、純資産価額を基にして算出する方式である。

解 答 ○

宅地の相続税評価の基礎となる路線価は、路線（道路）に面する標準的な宅地の**1㎡当たりの価額**である。

解 答 ×

相続税の計算において、被相続人が所有している宅地に被相続人名義の賃貸マンションを建築して賃貸の用に供していた場合、当該宅地は**貸家建付地**として評価される。

解 答 ×

被相続人の配偶者が、被相続人の居住の用に供されていた宅地を相続により取得した後、当該**宅地を相続税の申告期限**までに**売却した場合**でも、当該宅地は、相続税の課税価格の計算上、特定居住用宅地等として「小規模宅地等についての相続税の課税価格の計算の特例」の**適用を受けることができる**。

解 答 ×

上場株式の相続税評価額は、原則として、その株式が上場されている金融商品取引所の公表する課税時期の最終価格によって評価した価額と、その**課税時期の属する月以前3ヵ月間の毎日の最終価格の平均額のうちいずれか低い価額**となる。

解 答 ×

取引相場のない株式の相続税評価において、純資産価額方式とは、**評価会社の課税時期における純資産価額（相続税評価額）を基にして算出する方式**である。なお、評価会社の株式の価額を、評価会社と事業内容が類似した上場会社の株価および配当金額、利益金額、純資産価額を基にして算出するのは**類似業種比準価額方式**である。

問題 6 2020年9月試験

賃貸アパート等の貸家の用に供されている家屋の相続税評価額は、（　　　　）の算式により算出される。

1) 自用家屋としての評価額×(1−借家権割合×賃貸割合)
2) 自用家屋としての評価額×(1−借地権割合×賃貸割合)
3) 自用家屋としての評価額×(1−借地権割合×借家権割合×賃貸割合)

問題 7 2021年5月試験

国税庁が公表している路線価図において、路線に「300C」と付されている場合、「C」の記号は、借地権割合が（　　　　）であることを示している。

1) 60%　　2) 70%　　3) 80%

問題 8 2013年5月試験

相続税評価において、借地権の価額は、原則として（　　　　）の算式により算出する。

1) 自用地としての価額×借地権割合
2) 自用地としての価額×(1−借地権割合)
3) 自用地としての価額×(1−借地権割合×借家権割合)

問題 9 2007年9月試験

相続税評価において、宅地を第三者に賃貸し、借地権（定期借地権を除く）が設定されている土地を（　①　）といい、その相続税評価額は、通常「自用地としての評価額×（　②　）」で算出する。

1) ①　貸家建付地　　②　(1−借地権割合×借家権割合×賃貸割合)
2) ①　貸宅地　　　　②　(1−借地権割合)
3) ①　貸宅地　　　　②　借地権割合

解　答 1)

賃貸アパート等の貸家の用に供されている家屋の相続税評価額は、**自用家屋としての評価額×(1−借家権割合×賃貸割合)**の算式により算出される。

解　答 2)

国税庁が公表している路線価図において、路線に「300C」と付されている場合、「C」の記号は、借地権割合が**70%**であることを示している。

記号	A	B	C	D	E	F	G
借地権割合	90%	80%	70%	60%	50%	40%	30%

解　答 1)

相続税評価において、借地権の価額は、原則として**自用地としての価額×借地権割合**の算式により算出する。

解　答 2)

相続税評価において、宅地を第三者に賃貸し、借地権(定期借地権を除く)が設定されている土地を**貸宅地**といい、その相続税評価額は、通常「自用地としての評価額×(1−借地権割合)」で算出する。

問題10　2019年5月試験

相続税の計算において、宅地が「小規模宅地等についての相続税の課税価格の計算の特例」における貸付事業用宅地等に該当する場合、その宅地のうち（　①　）までを限度面積として、評価額の（　②　）相当額を減額した金額を、相続税の課税価格に算入すべき価額とすることができる。

1)　①　200㎡　　②　50%
2)　①　200㎡　　②　80%
3)　①　330㎡　　②　80%

問題11　2020年9月試験

相続人が相続により取得した宅地が「小規模宅地等についての相続税の課税価格の計算の特例」における特定事業用宅地等に該当する場合、その宅地のうち（　①　）までを限度面積として、評価額の（　②　）相当額を減額した金額を、相続税の課税価格に算入すべき価額とすることができる。

1)　①　200㎡　　②　50%
2)　①　330㎡　　②　80%
3)　①　400㎡　　②　80%

問題12　2019年1月試験

宅地が「小規模宅地等についての相続税の課税価格の計算の特例」における特定居住用宅地等に該当する場合、その宅地のうち（　①　）までを限度面積として、評価額の（　②　）相当額を減額した金額を、相続税の課税価格に算入すべき価額とすることができる。

1)　①　200㎡　　②　50%
2)　①　330㎡　　②　80%
3)　①　400㎡　　②　80%

解　答 1)

相続税の計算において、宅地が「小規模宅地等についての相続税の課税価格の計算の特例」における貸付事業用宅地等に該当する場合、その宅地のうち**200㎡**までを限度面積として、評価額の**50%**相当額を減額した金額を、相続税の課税価格に算入すべき価額とすることができる。

解　答 3)

相続人が相続により取得した宅地が「小規模宅地等についての相続税の課税価格の計算の特例」における特定事業用宅地等に該当する場合、その宅地のうち**400㎡**までを限度面積として、評価額の**80%**相当額を減額した金額を、相続税の課税価格に算入すべき価額とすることができる。

解　答 2)

宅地が「小規模宅地等についての相続税の課税価格の計算の特例」における特定居住用宅地等に該当する場合、その宅地のうち**330㎡**までを限度面積として、評価額の**80%**相当額を減額した金額を、相続税の課税価格に算入すべき価額とすることができる。

第6章

第4節　財産の評価

問題13 2019年9月試験

本年9月2日に死亡したAさんが所有していた上場株式Xを相続により取得した場合の1株当たりの相続税評価額は、下記の〈資料〉によれば、（　　　）である。

〈資料〉 上場株式Xの価格（すべて本年のもの）

7月の毎日の最終価格の平均額	850円
8月の毎日の最終価格の平均額	900円
9月の毎日の最終価格の平均額	1,000円
9月2日の最終価格	1,000円

1）　850円　　2）　900円　　3）　1,000円

問題14 2019年1月試験

取引相場のない株式の相続税評価において、同族株主以外の株主等が取得した株式については、特例的評価方式である（　　　）により評価することができる。

1）　配当還元方式　　2）　類似業種比準方式　　3）　純資産価額方式

解　答 1)

本年9月2日に死亡したAさんが所有していた上場株式Xを相続により取得した場合の1株当たりの相続税評価額は、次のとおりとなる。

・課税時期の最終価格　1,000円
・課税時期の属する月の毎日の最終価格の平均額　1,000円
・課税時期の属する月の前月中の毎日の最終価格の平均額　900円
・課税時期の属する月の前々月中の毎日の最終価格の平均額　850円

最も低い価格(上場株式Xの1株当たりの相続税評価額)　**850円**

解　答 1)

取引相場のない株式の相続税評価において、同族株主以外の株主等が取得した株式については、特例的評価方式である**配当還元方式**により評価することができる。

まとめ

＜相続人と相続分＞

	配偶者	配偶者以外	合　計
第1順位 （配偶者と子※）	1/2	1/2	1
第2順位 （配偶者と直系尊属）	2/3	1/3	1
第3順位 （配偶者と兄弟姉妹）	3/4	1/4	1

（複数いる場合は均等割）

※子が先に死亡している場合はその者の子（被相続人の孫）が代襲相続人となる

＜普通方式の遺言＞

種　類	自筆証書遺言	公正証書遺言
作成方法	本人が全文、日付、氏名を自署し押印 代筆不可 ワープロ不可 なお、財産目録は自書でなくても可	本人が遺言の内容を口述（手話含む）し、公証人が筆記した上で、公証人が遺言者・証人に読み聞かせる 本人、公証人、証人が署名、押印
作成場所	自由	公証役場
証　人	不要	2人以上
署名捺印	本人	本人・公証人・証人
保管場所	自由※	公証役場
検　認	必要（家庭裁判所）※	不要

※自筆証書遺言を法務局で保管することができる
　この場合、検認の手続きは不要である

<贈与税の配偶者控除>

婚姻期間が20年以上の配偶者による贈与であること
居住用不動産または居住用不動産を取得するための金銭を贈与により取得した場合
基礎控除110万円のほかに最大2,000万円が控除できる

<直系尊属からの贈与の非課税>

	非課税となる金額
教育資金の一括贈与	1,500万円
結婚・子育て資金の一括贈与	1,000万円

<相続税の計算>

弔慰金等の	業務上の死亡	普通給与の3年分
非課税金額	非業務上の死亡	普通給与の6ヵ月分
生命保険金等の非課税金額		500万円×法定相続人の数※
遺産に係る基礎控除額		3,000万円+600万円×法定相続人の数※

※法定相続人の数の注意点

　・相続を放棄した者も含める

　・実子がいる場合は養子は1人までしか算入できない

　　(実子がいない場合は、養子は最大2人まで算入できる)

<債務控除>

控除対象になるもの	控除対象にならないもの
銀行等からの借入金	墓地購入の未払代金
被相続人の所得税の未納分	墓碑および墓地の買入費
埋葬、火葬、納骨などの費用	香典返戻費用

第6章

まとめ

＜相続の各種手続等＞

放棄、限定承認	自己のために相続開始があったことを知った時から3ヵ月以内
準確定申告	自己のために相続開始があったことを知った日の翌日から4ヵ月以内
相続税の申告	自己のために相続開始があったことを知った日の翌日から10ヵ月以内

＜小規模宅地等の評価減＞

	減額割合	減額限度面積
特定事業用宅地等	80%	400㎡
特定居住用宅地等	80%	330㎡
貸付事業用宅地等	50%	200㎡

＜不動産の財産評価＞

貸　　　家	固定資産税評価額×（1－借家権割合×賃貸割合）
借　地　権	自用地としての価格×借地権割合
貸　宅　地	自用地としての価額×（1－借地権割合）
貸家建付地	自用地としての価額×（1－借地権割合×借家権割合×賃貸割合）

＜上場株式等の評価＞

次のいずれか低い価格により評価する

- ・課税時期の最終価格
- ・課税時期の属する月の毎日の最終価格の平均額
- ・課税時期の属する月の前月中の毎日の最終価格の平均額
- ・課税時期の属する月の前々月中の毎日の最終価格の平均額

〈実技編〉

ファイナンシャル・プランニング技能検定・実技試験

3級 資産設計 提案業務

（日本ファイナンシャル・プランナーズ協会）

第1回

問　題

【第1問】 下記の(問1)、(問2)について解答しなさい。

問1
　ファイナンシャル・プランニング業務を行うに当たっては、関連業法を順守することが重要である。ファイナンシャル・プランナー(以下「FP」という)の行為に関する次の記述のうち、最も不適切なものはどれか。

(2020年1月)

1. 税理士資格を有していないFPが、参加費有料のセミナーにおいて、仮定の事例に基づき、税額計算の手順を解説した。
2. 生命保険募集人登録をしていないFPが、生命保険契約を検討している顧客のライフプランに基づき、必要保障額を具体的に試算した。
3. 投資助言・代理業の登録をしていないFPが、顧客と投資顧問契約を締結し、特定の有価証券の動向や投資判断について助言をした。

問2

　下記は、有馬家のキャッシュフロー表（一部抜粋）である。このキャッシュフロー表に関する次の記述のうち、最も不適切なものはどれか。なお、計算に当たっては、キャッシュフロー表中に記載の整数を使用し、計算結果については万円未満を四捨五入すること。

（2014年9月）

＜有馬家のキャッシュフロー表＞　　　　　　　　　　　　　　　（単位：万円）

経過年数			現在	1年	2年
西暦（年）			20X1	20X2	20X3
家族／年齢	有馬　健太	本人	38歳	39歳	40歳
	満里	妻	39歳	40歳	41歳
	心菜	長女	7歳	8歳	9歳
ライフイベント		変動率	心菜 小学校入学		
収入	給与収入（夫）	1%	472		
	給与収入（妻）	—	95		
	収入合計	—	567	572	576
支出	基本生活費	2%	224		（　ア　）
	住宅関連費	—	133	133	133
	教育費	2%	36		
	保険料	—			41
	一時的支出	—			
	その他支出	—			
	支出合計	—	457	456	
年間収支		—	（　イ　）		
金融資産残高		1%	347	（　ウ　）	

※　年齢は各年12月31日現在のものとし、20X1年を基準年とする。

※　記載されている数値は正しいものとする。

※　問題作成の都合上、一部空欄にしてある。

1.　空欄（ア）に入る数値とその求め方：「224×（1＋0.02）＝228」

2.　空欄（イ）に入る数値とその求め方：「567－457＝110」

3.　空欄（ウ）に入る数値とその求め方：「347×（1＋0.01）＋（572－456）＝466」

【第2問】 下記の(問3)、(問4)について解答しなさい。

問3
　下記<資料>に基づく株式の評価尺度に関する次の記述のうち、正しいものはどれか。
(2014年9月)

<資料>

株価	2,600円
1株当たり年間配当金	39円
1株当たり利益	200円
1株当たり純資産	2,080円

1.　株価収益率(PER)は、株価が1株当たり利益に対して何倍であるかを表す指標で、「2,600円÷200円＝13(倍)」である。
2.　株価純資産倍率(PBR)は、1株当たり純資産が株価に対して何倍であるかを表す指標で、「2,080円÷2,600円＝0.8(倍)」である。
3.　配当利回りは、1株当たり利益に対する年間配当金の割合を表す指標で、「39円÷200円×100＝19.5(％)」である。

問4

　田中利彦さんは、RA銀行(日本国内に本店のある普通銀行)に下記<資料>の預金を預け入れている。仮に、RA銀行が破たんした場合、預金保険制度により保護される元本(最大金額)として、正しいものはどれか。

(2014年9月)

<資料>

決済用預金	1,000万円
円普通預金(利息付き)	500万円
円定期預金	800万円

※　RA銀行において借入れはない。

1.　1,000万円
2.　2,000万円
3.　2,300万円

【第3問】 下記の(問5)、(問6)について解答しなさい。

問5

　建築基準法に従い、下記<資料>の土地に建築物を建築する場合の延べ面積(床面積の合計)の最高限度として、正しいものはどれか。なお、記載のない条件については一切考慮しないこととする。

(2020年1月)

<資料>

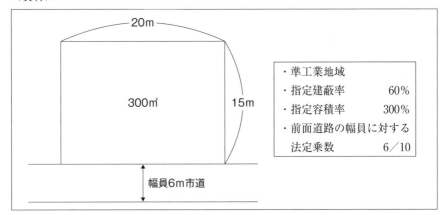

1.　180㎡
2.　900㎡
3.　1,080㎡

問6

　公的な土地評価に関する下表の空欄(ア)～(ウ)にあてはまる語句の組み合わせとして、正しいものはどれか。

(2011年9月)

	公示価格	（　イ　）	固定資産税評価額
所　　　管	国土交通省	国税庁	市町村
価格判定の 基　準　日	毎年（　ア　）	毎年1月1日	基準年度の前年の1月1日 ((　ウ　)評価替え)
用途・目的	一般の取引価格の指標	相続税・贈与税等 の算出の基礎	固定資産税等の 算出の基礎

1.　（ア)1月1日　　　（イ)相続税路線価　　　（ウ)3年に1度
2.　（ア)4月1日　　　（イ)相続税路線価　　　（ウ)5年に1度
3.　（ア)1月1日　　　（イ)実勢価格　　　　　（ウ)5年に1度

【第4問】 下記の(問7)～(問10)について解答しなさい。

問7
　馬場憲明さんが加入している生命保険(下記<資料>参照)の保障内容に関する次の記述の空欄(ア)にあてはまる金額として、正しいものはどれか。なお、保険契約は有効に継続し、かつ、特約は自動更新されているものとし、憲明さんはこれまでに<資料>の保険から保険金および給付金を一度も受け取っていないものとする。

(2014年9月)

<資料>

保険証券記号番号 ○○△△××□□	定期保険特約付終身保険		
保険契約者	馬場　憲明　様	保険契約者印	◇契約日(保険期間の始期) 20XX年12月1日 ◇主契約の保険期間 　終身 ◇主契約の保険料払込期間 　60歳払込満了
被保険者	馬場　憲明　様(男性) 契約年齢　32歳	馬場	
受取人	(死亡保険金) 馬場　奈美恵　様(妻)	受取割合 10割	

◆ご契約内容

終身保険金額(主契約保険金額)	600万円
定期保険特約保険金額	1,000万円
特定疾病保障定期保険特約保険金額	500万円
傷害特約保険金額	100万円
災害入院特約[本人・妻型]　入院5日目から　日額5,000円	
疾病入院特約[本人・妻型]　入院5日目から　日額5,000円	

不慮の事故や疾病により所定の手術を受けた場合、手術の種類に応じて(入院給付金日額の10倍・20倍・40倍)手術給付金を支払います。

成人病入院特約　　　　　　入院5日目から　日額5,000円	

リビング・ニーズ特約
※　妻の場合は、本人の給付金の6割の日額となります。

◆払込み合計保険料

毎回××,×××円／月

[保険料払込方法(回数)]
　団体月払い
◇社員配当金支払方法
　利息をつけて積立
◇特約の払込期間・保険期間
　10年

馬場憲明さんが、本年中に急性心筋梗塞で死亡(急死)した場合に支払われる死亡保険金は、合計(ア)である。

1. 2,200万円
2. 2,100万円
3. 1,600万円

問8

三上亨さんが加入しているガン保険（下記＜資料＞参照）の保障内容に関する次の記述の空欄（ア）にあてはまる金額として、正しいものはどれか。なお、保険契約は有効に継続しているものとし、亨さんはこれまでに＜資料＞の保険から保険金および給付金を一度も受け取っていないものとする。

(2014年9月)

＜資料＞

保険証券記号番号（○○○）△△△△		保険種類 ガン保険（愛称＊＊＊＊＊）	
保険契約者	三上　亨　様	保険契約者印	◇契約日（保険期間の始期） 　20XX年10月1日 ◇主契約の保険期間 　終身 ◇主契約の保険料払込期間 　終身払込
被保険者	三上　亨　様 契約年齢36歳　男性	（三上）	
受取人	（給付金） 被保険者　様 （死亡給付金） 三上　淳子　様（妻）	受取割合 10割	

◆ご契約内容

主契約 [本人型]	ガン診断給付金　初めてガンと診断されたとき　　100万円
	ガン入院給付金　1日につき　　　　　日額　10,000円
	ガン通院給付金　1日につき　　　　　日額　 5,000円
	手術給付金　1回につき　手術の種類に応じてガン入院 　　　　　　　　　　付金日額の10倍・20倍・40倍
	死亡給付金　ガン入院給付金日額の100倍（ガン以外の死亡 　　　　　　　の場合は、ガン入院給付金日額の10倍）

◆払込み合計保険料

毎回　×,×××円

[保険料払込方法]
　月払い

三上亨さんは、
・本年中に初めてガン（悪性新生物）と診断され、その後20日間入院し、給付倍率20倍の手術（1回）を受けた。
・退院後も継続して治療するため6日間通院した。
この場合、支払われる給付金は、合計（　ア　）である。

1.　123万円

2.　143万円

3.　146万円

問9

　北川さん夫妻(いずれも会社員)が加入している生命保険は下表のとおりである。下表の契約A〜Cについて、保険金・給付金が支払われた場合の課税関係に関する次の記述のうち、正しいものはどれか。

（2014年9月）

	保険種類	保険料払込方法	保険契約者（保険料負担者）	被保険者	死亡保険金受取人	満期保険金受取人
契約A	終身保険	月払い	夫	夫	妻	—
契約B	医療保険	月払い	妻	妻	夫	—
契約C	養老保険	月払い	妻	夫	妻	妻

1.　契約Aについて、妻が受け取った死亡保険金は、相続税の課税対象となる。
2.　契約Bについて、妻が受け取った入院給付金は、一時所得として所得税・住民税の課税対象となる。
3.　契約Cについて、妻が受け取った満期保険金は、贈与税の課税対象となる。

問10

　吉田徹さんが契約している普通傷害保険の内容は下記<資料>のとおりである。次の記述のうち、保険金の支払い対象とならないものはどれか。なお、いずれも保険期間中に発生したものであり、該当者は徹さんである。また、<資料>に記載のない事項については一切考慮しないこととする。

（2020年1月）

<資料>

保険種類	普通傷害保険
保険期間	1年間
保険契約者	吉田　徹
被保険者	吉田　徹
死亡・後遺障害保険金額	3,000万円
入院保険金日額	5,000円
通院保険金日額	2,000円

※　特約は付帯されていない。

1.　外出先で食べた弁当が原因で細菌性食中毒にかかり、入院した場合。
2.　休日にスキーで滑降中に転倒し、足を骨折して入院した場合。
3.　業務中に指をドアに挟み、ケガをして通院した場合。

【第5問】 下記の(問11)〜(問13)について解答しなさい。

問11
　個人事業主として不動産賃貸業を営む山本さんは、FPで税理士でもある倉田さんに本年分の所得税より確定申告書の作成を依頼することにした。山本さんの本年分の収入および必要経費が下記<資料>のとおりである場合、山本さんの本年分の不動産所得の金額(青色申告特別控除前の金額)として、正しいものはどれか。

(2020年1月)

<資料>

> [山本さんの本年分の収入および必要経費]
> ・収入
> 　家賃　380万円(未収家賃・前受家賃は発生していない)
> 　礼金　20万円(全額返還を要しない)
> 　敷金　60万円(退去時に全額返還する予定である)
> ・必要経費　210万円
> 　※　山本さんは本年分の所得税から青色申告の承認を受けている。

1.　250万円
2.　190万円
3.　170万円

問12

　　個人事業主として飲食店を営む宮野さんの本年分の各種所得の金額が下記<資料>のとおりである場合、宮野さんの本年分の総所得金額として、正しいものはどれか。なお、<資料>に記載のない事項については一切考慮しないこととする。

（2020年1月）

<資料>

［宮野さんの本年分の所得の金額］	
事業所得の金額	280万円
給与所得の金額	100万円（退職した勤務先から受給したものである）
退職所得の金額	500万円（退職した勤務先から受給したものである）

1.　880万円
2.　780万円
3.　380万円

問13
　青山勇次さんは、個人でアパートの賃貸経営を行っている（青色申告者である）。青山さんの本年分の所得および所得控除が下記＜資料＞のとおりである場合、青山さんの本年分の所得税の額として、正しいものはどれか。なお、青山さんは、本年中は不動産所得のほかに所得はなく、税額控除や源泉徴収税額、復興特別所得税、予定納税等については考慮しないこととする。

（2014年9月）

＜資料＞

［本年分の所得］
不動産所得の金額930万円
※　青色申告特別控除額を控除した後の金額である。
［本年分の所得控除］
所得控除の合計額230万円
※　社会保険料控除、基礎控除など、所得金額から差し引かれる金額をいう。
※　総所得金額から、所得控除を行って、課税総所得金額を算出する。

＜課税総所得金額に対する所得税の計算方法＞
課税総所得金額×（所得税の速算表の）税率－（所得税の速算表の）控除額

＜所得税の速算表＞

課税総所得金額		税率	控　除　額
1,000円から	1,949,000円まで	5%	0円
1,950,000円から	3,299,000円まで	10%	97,500円
3,300,000円から	6,949,000円まで	20%	427,500円
6,950,000円から	8,999,000円まで	23%	636,000円
9,000,000円から	17,999,000円まで	33%	1,536,000円
18,000,000円から	40,000,000円まで	40%	2,796,000円
40,000,000円以上		45%	4,796,000円

（注）　課税される所得金額の1,000円未満の端数は切り捨てること。

1.　1,610,000円

2.　1,533,000円

3.　　974,000円

【第6問】　下記の(問14)について解答しなさい。

問14
　202X年11月20日に相続が開始された山根博子さん(被相続人)の<親族関係図>が下記のとおりである場合、民法上の相続人および法定相続分の組み合わせとして、正しいものはどれか。なお、記載のない条件については一切考慮しないこととする。

(2020年1月)

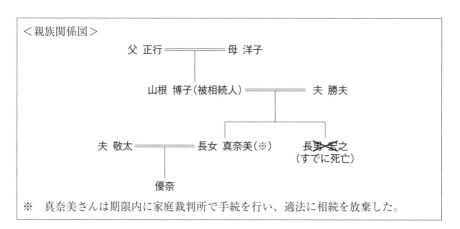

<親族関係図>

※　真奈美さんは期限内に家庭裁判所で手続を行い、適法に相続を放棄した。

1.　勝夫　2／3　　正行　1／6　　洋子　1／6
2.　勝夫　1／2　　正行　1／4　　洋子　1／4
3.　勝夫　1／2　　正行　1／6　　洋子　1／6　　優奈　1／6

【第7問】　下記の(問15)～(問20)について解答しなさい。

<設例>
　岡田久雄さんは、株式会社KBに勤務する会社員である。久雄さんは定年を2年後に控えており、退職するつもりでいることから、今後の生活設計についてFPで税理士でもある景浦さんに相談をした。なお、下記のデータはいずれも本年9月1日現在のものである。

[家族構成(同居家族)]

氏　名	続柄	年齢	職　業
岡田　久雄	本人	58歳	会社員
松乃	妻	55歳	パートタイマー
清美	長女	28歳	会社員

[保有資産(時価)]　　　　　　　　　(単位：万円)

金融資産	
普通預金	400
定期預金	1,800
財形年金	420
個人向け国債	200
上場株式	470
生命保険(解約返戻金相当額)	430
不動産(自宅マンション)	2,900
その他(動産等)	200

[負債]
　住宅ローン(自宅マンション)：400万円(債務者は久雄さん、団体信用生命保険付き)
　自動車ローン(自家用)：65万円(債務者は久雄さん)

[その他]
　上記以外については、各設問において特に指定のない限り一切考慮しないこととする。

問15

　FPの景浦さんは、岡田家の本年9月1日時点のバランスシートを作成した。下表の空欄（ア）にあてはまる金額として、正しいものはどれか。なお、＜設例＞に記載のあるデータに基づいて解答することとし、＜設例＞に記載のないデータについては一切考慮しないこととする。

（2014年9月）

＜岡田家のバランスシート＞　　　　　　　　　　　　　　　　　（単位：万円）

［資産］		［負債］	
金融資産		住宅ローン	×××
普通預金	×××	自動車ローン	×××
定期預金	×××		
財形年金	×××	負債合計	×××
個人向け国債	×××		
上場株式	×××		
生命保険（解約返戻金相当額）	×××	［純資産］	（　ア　）
不動産（自宅マンション）	×××		
その他（動産等）	×××		
資産合計	×××	負債・純資産合計	×××

1.　6,355（万円）
2.　6,820（万円）
3.　7,285（万円）

問16

　久雄さんは、地震への備えとして、現在契約している火災保険に地震保険を付帯することを考えており、FPの景浦さんに相談をした。景浦さんが久雄さんに説明する際に使用した地震保険に関する下表の空欄(ア)〜(ウ)にあてはまる語句の組み合わせとして、最も適切なものはどれか。

（2014年9月）

保険の目的	居住用建物とその家財
契約方法	地震保険単独での契約はできず、火災保険に付帯して契約する
保険金額	・火災保険の保険金額の（　ア　）の範囲内
	・居住用建物は（　イ　）、家財は（　ウ　）が上限
保険料	・建物の構造や地域で異なる
	・築年数や免震・耐震性能に応じて4種類の割引制度がある

1.　（ア）30％〜50％　　（イ）5,000万円　　（ウ）1,000万円
2.　（ア）30％〜50％　　（イ）3,000万円　　（ウ）1,000万円
3.　（ア）30％〜80％　　（イ）5,000万円　　（ウ）1,500万円

問17

　久雄さんは、定年退職後は、退職一時金の一部を老後の生活資金に充てようと思っている。仮に、退職一時金のうち1,500万円を年利2％で複利運用しながら20年間で均等に取り崩すこととした場合、毎年の生活資金に充てることができる金額として、正しいものはどれか。なお、下記＜資料＞の3つの係数の中から最も適切な係数を選択して計算し、円単位で解答すること。また、税金や記載のない事項については一切考慮しないこととする。

（2014年9月）

＜資料：係数早見表(年利2.0％)＞

	現価係数	減債基金係数	資本回収係数
20年	0.6730	0.0412	0.0612

※記載されている数値は正しいものとする。

1.　504,750円
2.　618,000円
3.　918,000円

問18

定年退職時には、久雄さんに対して勤務先から退職一時金として2,300万円が支給される見込みである。所得税における退職所得に関する次の記述の空欄（ア）、（イ）にあてはまる語句の組み合わせとして、正しいものはどれか。なお、久雄さんの勤続年数は38年とし、障害者になったことに基因する退職ではないものとする。

（2014年9月）

<参考：退職所得控除額の求め方>

勤続年数	退職所得控除額
20年以下	勤続年数×40万円（最低80万円）
20年超	800万円＋70万円×（勤続年数−20年）

・退職所得は（　ア　）の対象となる。
・久雄さんの退職所得の金額は、（　イ　）である。

1. （ア）分離課税　　（イ）240万円
2. （ア）分離課税　　（イ）120万円
3. （ア）総合課税　　（イ）120万円

問19

松乃さんは、現在、年間給与収入100万円のパートタイマーとして働いており、国民年金の第3号被保険者である。久雄さんが60歳で定年退職した場合、その後、松乃さんが60歳になるまでの国民年金の被保険者に関する次の記述のうち、最も適切なものはどれか。なお、松乃さんは、今後も現在と同じ条件のパートタイマーとして仕事を続けるものとする。

（2014年9月）

1. 国民年金の第1号被保険者とされる。
2. 国民年金の第2号被保険者とされる。
3. 国民年金の第3号被保険者のままである。

問20

　久雄さんは、会社の定期健康診断で異常を指摘され、本年5月に2週間ほど入院をして治療を受けた。その際の病院への支払いが高額であったため、久雄さんは健康保険の高額療養費制度によって払戻しを受けたいと考え、FPの景浦さんに相談をした。久雄さんの本年5月の総医療費が70万円であった場合、次の記述の空欄(ア)、(イ)にあてはまる語句の組み合わせとして、正しいものはどれか。なお、久雄さんは全国健康保険協会管掌健康保険の被保険者で、標準報酬月額は28万円である。

(2014年9月)

＜70歳未満の者：医療費の自己負担限度額(1ヵ月当たり)＞

所得区分	医療費の自己負担限度額
標準報酬月額83万円以上	252,600円＋（総医療費－842,000円）×1％
標準報酬月額53万円～79万円	167,400円＋（総医療費－558,000円）×1％
標準報酬月額28万円～50万円	80,100円＋（総医療費－267,000円）×1％
標準報酬月額26万円以下	57,600円
低所得者（市町村民税非課税世帯など）	35,400円

※　多数該当については考慮しない。

・久雄さんの自己負担額は、総医療費の（　ア　）に当たる金額である。
・久雄さんに高額療養費制度により払い戻される金額は、（　イ　）である。

1.　（ア）3割　　（イ）125,570円
2.　（ア）3割　　（イ）　84,430円
3.　（ア）2割　　（イ）　55,570円

〈実技編〉

ファイナンシャル・プランニング技能検定・実技試験

3級 資産設計 提案業務

（日本ファイナンシャル・プランナーズ協会）

第1回

解答・解説

〔100点満点〕 各5点×20問

【解 答】

問1	問2	問3	問4	問5	問6	問7	問8	問9	問10
3	1	1	2	2	1	2	2	1	1

問11	問12	問13	問14	問15	問16	問17	問18	問19	問20
2	3	3	1	1	1	3	2	1	1

【第1問】

問1 （正解）　3

1. ○

2. ○

3. ×　投資助言・代理業の登録をしていないFPは、顧客と投資顧問契約を締結し、当該契約に基づいて特定の有価証券の動向や投資判断（具体的な時期、数量、投資方法）について助言をすることはできない。なお、投資助言・代理業者など、一定の金融商品につき募集・勧誘などをする場合は、金融商品取引業者として内閣総理大臣の登録を受けなければならない。

問2 （正解）　1

1. ×　現在（20X1年）の基本生活費が224万円で、変動率が2％である場合には、2年後（20X3年）の基本生活費の空欄（ア）は次のとおり求める。
   $224万円 \times (1+0.02)^2 = 233万円$（万円未満四捨五入）

2. ○　年間収支の空欄（イ）は、収入合計567万円より支出合計457万円を減算することによって次のとおり求める。
   $567万円 - 457万円 = 110万円$

3. ○　現在（20X1年）の金融資産残高は347万円である。この347万円を変動率（運用率）1％で運用し、20X2年の年間収支116万円（＝572万円 − 456万円）を加算して20X2年末の金融資産残高の空欄（ウ）を計算する。
   $347万円 \times (1+0.01) + (572万円 - 456万円) = 466万円$（万円未満四捨五入）

【第2問】

問3 （正解）　1

1. ○

2. ×　株価純資産倍率（PBR）は、株価が1株当たり純資産に対して何倍であるかを表す指標で、「$\underset{株価}{2,600円} \div \underset{1株当たり純資産}{2,080円} = 1.25（倍）$」である。

3. ×　配当利回りは、株価に対する1株あたりの年間配当金の割合を表す指標で、「$\underset{1株当たり年間配当金}{39円} \div \underset{株価}{2,600円} \times 100 = 1.5（％）$」である。

問4 (正解) __2__

　預金保険制度により保護される元本は、次のとおりとなる。

① 決済用預金　　1,000万円(金額にかかわらず全額が保護される。)

② 円普通預金(利息付き)と円定期預金
　　500万円 ＋ 800万円＝1,300万円＞1,000万円　∴1,000万円
　　　　円普通預金(利息付き)　　円定期預金

　※ 1,000万円を超える部分の300万円は、預金保険制度により保護されない。

③ ①＋②＝2,000万円

　よって、2.の選択肢が正解となる。

【第3問】

問5 (正解) __2__

　<資料>の土地に建築物を建築する場合、延べ面積(床面積の合計)の最高限度については、容積率を用いて計算する。本問のように前面道路の幅員が12m未満の場合には、「指定容積率」と「前面道路幅員×前面道路の幅員に対する法定乗数」のいずれか小さい方が容積率の限度となる。

$300㎡ \times 300\%＝900㎡$
　　　　　　※

　※ 容積率の限度
　　$300\% ＜ 6m \times 6／10＝360\%$　∴300%(小さい方)
　　　指定容積率　前面道路幅員　法定乗数

　よって、2.の選択肢が正解となる。

　なお、建築面積の最高限度については、敷地面積に「指定建蔽率」を乗じて求める。

$300㎡ \times 60\%＝180㎡$
　　　　　指定建蔽率

問6 (正解) __1__

　公的な土地評価に関する表の空欄を埋めると、次のとおりとなる。

	公示価格	(相続税路線価) 空欄(イ)	固定資産税評価額
所　管	国土交通省	国税庁	市町村
価格判定の基準日	毎年(1月1日) 空欄(ア)	毎年1月1日	基準年度の前年の1月1日 ((3年に1度)評価替え) 空欄(ウ)
用途・目的	一般の取引価格の指標	相続税・贈与税等の算出の基礎	固定資産税等の算出の基礎

　よって、1.の選択肢が正解となる。

【第4問】

問7　（正解）　2

馬場憲明さんが、本年中に急性心筋梗塞で死亡（急死）した場合に支払われる死亡保険金の合計は、次のとおりである。

$$\underset{\text{終身保険}}{600万円} + \underset{\text{定期保険特約}}{1{,}000万円} + \underset{\text{特定疾病保障定期保険特約}}{500万円} = 2{,}100万円$$

なお、特定疾病保障定期保険特約は、死亡事由にかかわらず、死亡保険金が支払われる。また、傷害特約は、不慮の事故による死亡の際は、死亡保険金が支払われるが、病死では死亡保険金は支払われない。

よって、2.の選択肢が正解となる。

問8　（正解）　2

三上亨さんが本年中に初めてガン（悪性新生物）と診断され、その後20日間入院し、給付倍率20倍の手術（1回）を受け、退院後も6日間通院した場合、支払われる給付金の合計額は、次のとおりとなる。

$$\underset{\text{ガン診断給付金}}{100万円} + \underset{\text{ガン入院給付金}}{1万円 \times 20日} + \underset{\text{手術給付金}}{1万円 \times 20倍} + \underset{\text{ガン通院給付金}}{5{,}000円 \times 6日} = 143万円$$

よって、2.の選択肢が正解となる。

問9　（正解）　1

1.　○　契約Aについて、妻が受け取った死亡保険金は、被相続人である夫が保険料負担者であるため、相続税の課税対象となる。

2.　×　契約Bについて、妻が受け取った入院給付金は、保険料負担者にかかわらず、非課税となる。

3.　×　契約Cについて、妻が受け取った満期保険金は、妻自身が保険料負担者であるため、一時所得として所得税・住民税の課税対象となる。

問10　（正解）　1

1.　×　普通傷害保険では、外出先で食べた弁当が原因で細菌性食中毒にかかり入院しても、保険金の支払い対象とはならない。

2.　○

3.　○　普通傷害保険では、業務中のケガも保険金の支払い対象となる。

【第5問】

問11 （正解）　2

　　山本さんの本年分の不動産所得の金額は、次のとおりとなる。なお、敷金は退去時に全額返還する予定であるため、収入金額には含めない点に留意すること。

（380万円＋20万円）－210万円＝190万円
　　　家賃　　　　礼金　　　　必要経費

　　よって、2.の選択肢が正解となる。

問12 （正解）　3

　　宮野さんの本年分の総所得金額（総合課税に該当する所得を集計した金額）は、次のとおりとなる。なお、退職所得の金額は申告分離課税に該当するため、総所得金額には含めない点に留意すること。

280万円＋100万円＝380万円
事業所得の金額　給与所得の金額

　　よって、3.の選択肢が正解となる。

問13 （正解）　3

(1)　課税総所得金額
　　930万円 － 230万円 ＝700万円
　　　不動産所得の金額　所得控除の合計額

(2)　所得税の額
　　7,000,000円×23％－636,000円＝974,000円

　　よって、3.の選択肢が正解となる。

【第6問】

問14 （正解）　1

　　本問の＜親族関係図＞における民法上の相続人および法定相続分の組み合わせは、次のとおりとなる。なお、真奈美さんは相続を放棄しているため、初めから相続人とならなかったものとみなす。

勝夫さん（配偶者）　　　　　　　2／3

正行さん、洋子さん（直系尊属）　1／3×1／2＝1／6

　　よって、1.の選択肢が正解となる。

問15（正解） 1

　　岡田家のバランスシートは次のとおりであり、資産合計6,820万円と負債合計465万円の差額から、純資産は(6,355)万円となる。

（単位：万円）

［資産］		［負債］	
金融資産		住宅ローン	400
普通預金	400	自動車ローン	65
定期預金	1,800		
財形年金	420	負債合計	465
個人向け国債	200		
上場株式	470		
生命保険(解約返戻金相当額)	430	［純資産］	(6,355)
不動産(自宅マンション)	2,900		
その他(動産等)	200		
資産合計	6,820	負債・純資産合計	6,820

　　よって、1.の選択肢が正解となる。

問16（正解） 1

　　地震保険の保険金額は、火災保険の保険金額の(30%〜50%)の範囲内で任意に決定するが、上限が設けられており、居住用建物は(5,000万円)、家財は(1,000万円)となっている。

　　よって、1.の選択肢が正解となる。

問17（正解） 3

　　1,500万円を年利2%で複利運用しながら20年間で均等に取り崩すこととした場合、毎年の生活資金に充てることができる金額は、資本回収係数を用いて求める。

　　15,000,000円×0.0612＝918,000円

　　よって、3.の選択肢が正解となる。

問18（正解）　2

退職所得は(分離課税)の対象となる。

久雄さんの退職所得の金額は、次のとおりとなる。

$(2,300万円 - 2,060万円) × \dfrac{1}{2} = (120万円)$

※　退職所得控除額

800万円 + 70万円 ×（38年 − 20年）= 2,060万円

よって、2.の選択肢が正解となる。

問19（正解）　1

1.　○　松乃さんは、夫の久雄さんが60歳で定年退職するまでの間は、国民年金の第3号被保険者(国民年金の第2号被保険者の配偶者で、年収130万円以下)となるが、夫が60歳で定年退職をした後は、第2号被保険者の配偶者でなくなるため、第1号被保険者となる。

2.　×　1.の解説を参照。

3.　×　1.の解説を参照。

問20（正解）　1

久雄さんの自己負担額は、総医療費の(3割)に当たる金額である。

久雄さんの所得区分は「標準報酬月額28万円〜50万円」であるため、高額療養費として払い戻される金額は下記のとおり計算する。

(1)　自己負担限度額

80,100円 +（700,000円 − 267,000円）× 1% = 84,430円

(2)　高額療養費として払い戻される金額

700,000円 × 0.3 − 84,430円 = 125,570円

よって、1.の選択肢が正解となる。

〈実技編〉

ファイナンシャル・プランニング技能検定・実技試験

3級 資産設計 提案業務

（日本ファイナンシャル・プランナーズ協会）

第2回

問　題

【第1問】 下記の(問1)、(問2)について解答しなさい。

問1
　ファイナンシャル・プランニング業務を行うに当たっては、関連業法を順守することが重要である。ファイナンシャル・プランナー(以下「FP」という)の行為に関する次の記述のうち、最も適切なものはどれか。

1. 投資助言・代理業の登録をしていないFPが、顧客と投資顧問契約を締結し、当該契約に基づいて特定の上場株式の投資判断について助言をした。
2. 税理士資格を有していないFPが、参加費無料の相談会において、相談者の持参した資料に基づき、相談者が納付すべき相続税の具体的な税額計算を行った。
3. 生命保険募集人・保険仲立人の登録を受けていないFPが、変額年金保険の一般的な商品内容について説明を行った。

(2021年5月)

問2

　下記は、佐野家のキャッシュフロー表（一部抜粋）である。このキャッシュフロー表の空欄（ア）、（イ）にあてはまる数値の組み合わせとして、正しいものはどれか。なお、計算に当たっては、キャッシュフロー表中に記載の整数を使用し、計算結果は万円未満を四捨五入すること。

(2015年1月)

<佐野家のキャッシュフロー表>　　　　　　　　　　　　　　　（単位：万円）

経過年数			現在	1年	2年	3年
西暦（年）			20X1	20X2	20X3	20X4
家族／年齢	佐野　耕太	本人	47歳	48歳	49歳	50歳
	絵里	妻	46歳	47歳	48歳	49歳
	宏斗	長男	14歳	15歳	16歳	17歳
	未来	長女	12歳	13歳	14歳	15歳
ライフイベント		変動率	車の買替え	未来中学入学	宏斗高校入学	
収入	給与収入（夫）	1%	583			
	給与収入（妻）	—	240	240	240	240
	収入合計	—	823			
支出	基本生活費	2%	423		（　ア　）	
	住宅関連費	—	157	157	157	157
	教育費	—	65			
	保険料	—	48	48	48	48
	一時的支出	—	300			
	その他支出	—	50			50
	支出合計	—				
年間収支		—	（　イ　）	73		
金融資産残高		1%	632	711		

※　年齢は各年12月31日現在のものとし、20X1年を基準年とする。

※　記載されている数値は正しいものとする。

※　問題作成の都合上、一部空欄にしてある。

1.　（ア）431　　（イ）▲220
2.　（ア）440　　（イ）　220
3.　（ア）440　　（イ）▲220

【第2問】 下記の(問3)～(問5)について解答しなさい。

問3

下記は、経済用語についてまとめた表である。下表の(ア)～(ウ)に入る用語として、最も不適切なものはどれか。

(2019年5月)

経済用語	主な内容
（　ア　）	生産、雇用などの経済活動状況を表すさまざまな指標の動きを統合して、景気の現状把握や将来の動向を予測するために内閣府が公表している指標である。
（　イ　）	消費者が購入するモノやサービスなどの物価の動きを把握するための統計指標で、総務省から毎月公表されている。
（　ウ　）	企業間で取引される商品の価格変動に焦点を当てた指標であり、日本銀行が公表している。国際商品市況や外国為替相場の影響を受けやすい傾向がある。

1. 空欄(ア)：「景気動向指数」
2. 空欄(イ)：「消費者態度指数」
3. 空欄(ウ)：「企業物価指数」

問4

　投資信託の運用スタイル・運用手法に関する次の記述の空欄(ア)〜(エ)にあてはまる語句の組み合わせとして、最も適切なものはどれか。

(2015年1月)

・（　ア　）運用とは、あらかじめ決めた運用目安となる指標(ベンチマーク)を上回る収益の獲得を目指す運用スタイルのことをいう。一般に（　ア　）運用では、（　イ　）運用に比べて、運用管理費用(信託報酬)などのコストが（　ウ　）なる傾向がある。

・（　ア　）運用には、ファンドマネージャーやアナリストの調査・分析に基づいて個別銘柄の投資価値を判断し、その積上げによりポートフォリオを構築していく手法があり、これを（　エ　）アプローチという。

1.　(ア)アクティブ　　(イ)パッシブ　　(ウ)高く　　(エ)ボトムアップ

2.　(ア)アクティブ　　(イ)パッシブ　　(ウ)低く　　(エ)トップダウン

3.　(ア)パッシブ　　(イ)アクティブ　　(ウ)低く　　(エ)ボトムアップ

問5

　青山信義さんは、SA銀行（日本国内に本店のある普通銀行）に下記＜資料＞の預金を預け入れている。仮にSA銀行が経営破たんした場合、預金保険制度により保護される元本（最大金額）に関する次の記述の空欄（ア）～（ウ）にあてはまる記述の組み合わせとして、正しいものはどれか。

(2015年1月)

＜資料＞

決済用預金	1,200万円
円定期預金	1,400万円
外貨建てMMF（豪ドル）	270万円

※　青山さんはSA銀行において借入れはない。

・決済用預金については、（　ア　）。
・円定期預金については、（　イ　）。
・外貨建てMMF（豪ドル）については、（　ウ　）。

1.　（ア）1,200万円が全額保護される
　　（イ）1,000万円が保護される
　　（ウ）預金保険制度による保護の対象外である
2.　（ア）1,000万円が保護される
　　（イ）1,000万円が保護される
　　（ウ）270万円が全額保護される
3.　（ア）1,000万円が保護される
　　（イ）1,400万円が全額保護される
　　（ウ）預金保険制度による保護の対象外である

【第3問】　下記の(問6)、(問7)について解答しなさい。

問6

　建築基準法に従い、下記<資料>の土地に建築物を建築する場合、その土地に対する建築物の建築面積の最高限度として、正しいものはどれか。なお、記載のない条件については一切考慮しないこととする。

（2020年9月）

<資料>

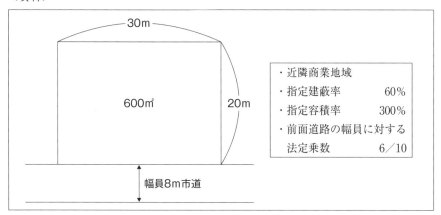

1.　360㎡
2.　1,800㎡
3.　2,880㎡

問7

　宮本さんは、20年前に購入し、現在居住している自宅の土地および建物を売却する予定である。売却に係る状況が下記<資料>のとおりである場合、所得税における課税長期譲渡所得の金額として、正しいものはどれか。

（2020年9月）

<資料>

・譲渡価額(合計)：7,000万円
・取得費(合計)：2,800万円
・譲渡費用(合計)：200万円
※　居住用財産を譲渡した場合の3,000万円特別控除の特例の適用を受けるものとする。
※　所得控除は考慮しないものとする。

1.　4,000万円
2.　1,200万円
3.　1,000万円

【第4問】 下記の(問8)〜(問11)について解答しなさい。

問8

荒木真司さんが加入している生命保険(下記<資料>参照)の保障内容に関する次の記述の空欄(ア)にあてはまる金額として、正しいものはどれか。なお、保険契約は有効に継続し、かつ、特約は自動更新されているものとし、真司さんはこれまでに<資料>の保険から保険金および給付金を一度も受け取っていないものとする。

(2015年1月)

<資料>

保険証券記号番号 ○○△△××□□	定期保険特約付終身保険	
保険契約者	荒木　真司　様	保険契約者印
被保険者	荒木　真司　様(男性) 契約年齢　30歳	荒木
受取人	(死亡保険金) 荒木　友恵　様(妻)　受取割合 10割	

◇契約日(保険期間の始期)
　20XX年3月1日
◇主契約の保険期間
　終身
◇主契約の保険料払込期間
　60歳払込満了

◆ご契約内容

終身保険金額(主契約保険金額)	500万円
定期保険特約保険金額	1,500万円
特定疾病保障定期保険特約保険金額	300万円
傷害特約保険金額	100万円
災害入院特約[本人・妻型]　入院5日目から	日額5,000円
疾病入院特約[本人・妻型]　入院5日目から	日額5,000円

不慮の事故や疾病により所定の手術を受けた場合、手術の種類に応じて(入院給付金日額の10倍・20倍・40倍)手術給付金を支払います。

成人病入院特約　　　　　入院5日目から	日額5,000円

リビング・ニーズ特約
※　妻の場合は、本人の給付金の6割の日額となります。

◆払込み合計保険料

毎回××,×××円／月	

[保険料払込方法(回数)]
　団体月払い

◇社員配当金支払方法
　利息をつけて積立

◇特約の払込期間・保険期間
　10年

荒木真司さんが、本年中に交通事故で死亡(即死)した場合、支払われる死亡保険金は、合計(　ア　)である。

1.　2,400万円

2.　2,000万円

3.　600万円

問9

　福岡圭人さんが加入している医療保険（下記＜資料＞参照）の保障内容に関する次の記述の空欄（ア）にあてはまる金額として、正しいものはどれか。なお、保険契約は有効に継続しているものとし、圭人さんはこれまでに＜資料＞の保険から保険金および給付金を一度も受け取っていないものとする。

(2015年1月)

＜資料＞

保険種類　医療保険（無配当）　　保険証券記号番号　△△△－××××			
保険契約者	福岡　圭人　様	ご印鑑　　　福岡岡（印）	◇契約日（保険期間の始期） 　20XX年10月1日
被保険者	福岡　圭人　様 契約年齢　28歳　男性		◇主契約の保険期間 　終身
受取人	（給付金）　被保険者　　様 （死亡給付金）　福岡　奈緒　様（妻）		◇主契約の保険料払込期間 　終身払込

◆ご契約内容

給付金・保険金の内容	給付金額・保険金額	保険期間
入院給付金	日額　10,000円 ＊病気やケガで1日以上継続入院のとき、入院開始日からその日を含めて1日目から支払います。 ＊同一事由の1回の入院給付金支払い限度は60日、通算して1,000日となります。	終身
手術給付金	給付金額　入院給付金日額×10・20・40倍 ＊所定の手術を受けた場合、手術の種類に応じて（入院給付金日額の10倍・20倍・40倍）手術給付金を支払います。	
死亡・高度障害保険金	1,000,000円 ＊死亡または所定の高度障害状態となった場合に支払います。	

◆ご契約内容

払込保険料合計　××,×××円／月
払込方法（回数）：年12回
払込期日　　　　：毎月

◆その他付加されている特約・特則等

保険料口座振替特約
＊以下余白

福岡圭人さんが、本年中にガン（悪性新生物）と診断され、7日間入院し、その間に給付倍率10倍の手術（1回）を受けた場合、支払われる給付金は、合計（　ア　）である。

1.　7万円

2.　17万円

3.　117万円

問10

　浅田和久さんが本年中に支払った生命保険の保険料は下記<資料>のとおりである。この場合の和久さんの本年分の所得税の計算における生命保険料控除の金額として、正しいものはどれか。なお、下記<資料>の保険について、これまでに契約内容の変更はないものとする。また、本年分の生命保険料控除額が最も多くなるように計算すること。

（2021年5月）

<資料>

［定期保険(無配当、新生命保険料)］
契約日：2012年9月1日
保険契約者：浅田　和久
被保険者：浅田　和久
死亡保険金受取人：浅田　令子(妻)
本年の年間支払保険料：58,320円

［がん保険(無配当、介護医療保険料)］
契約日：2015年3月1日
保険契約者：浅田　和久
被保険者：浅田　和久
死亡保険金受取人：浅田　令子(妻)
本年の年間支払保険料：31,200円

<所得税の生命保険料控除額の速算表>

［2012年1月1日以降に締結した保険契約(新契約)等に係る控除額］
○新生命保険料控除、新個人年金保険料控除、介護医療保険料控除

年間の支払保険料の合計		控除額
	20,000円以下	支払金額
20,000円超	40,000円以下	支払金額×1／2＋10,000円
40,000円超	80,000円以下	支払金額×1／4＋20,000円
80,000円超		40,000円

（注）　支払保険料とは、その年に支払った金額から、その年に受けた剰余金や割戻金を差し引いた残りの金額をいう。

1.　34,580円

2.　40,000円

3.　60,180円

問11
　横川昭二さんが契約している普通傷害保険（個人賠償責任特約付帯）の内容は下記＜資料（一部抜粋）＞のとおりである。次の記述のうち、保険金の支払い対象となるものはどれか。なお、いずれも保険期間中に発生したものであり、＜資料＞に記載のない事項については一切考慮しないこととする。

（2021年5月）

＜資料（一部抜粋）＞

普通傷害保険証券	
ご契約者	被保険者(保険の対象となる方)
横川　昭二　様	横川　昭二　様
◆ご契約内容	
給付項目	保険金額
傷害死亡保険金額	10,000,000円
傷害後遺障害保険金額 (後遺障害の程度により保険金額の4%〜100%)	10,000,000円
傷害入院保険金日額	1日につき　5,000円(入院1日目から補償)
傷害手術保険金額	入院中は入院保険金日額の10倍、 入院中以外は入院保険金日額の5倍
傷害通院保険金日額	1日につき　2,000円
◆その他の補償	
個人賠償責任特約	補償されます　支払限度額：(1事故)1億円

1.　昭二さんが徒歩で通勤する途中に他人の運転する車にはねられて死亡した場合。
2.　昭二さんが自動車を運転中に、誤って歩行者に接触し、ケガをさせたことにより法律上の損害賠償責任を負った場合。
3.　昭二さんが地震により倒れてきた家財で肩を打撲し、通院した場合。

【第5問】 下記の(問12)について解答しなさい。

問12

　西里さんは、本年7月に新築のアパートを購入し、新たに不動産賃貸業を開始した。購入したアパートの建物部分の情報は下記<資料>のとおりである。西里さんの本年分の所得税における不動産所得の金額の計算上、必要経費に算入する減価償却費の金額として、正しいものはどれか。

(2021年5月)

<資料>

取得価額：75,000,000円
取得年月：本年7月
耐用年数：47年
不動産賃貸の用に供した月：本年7月

<耐用年数表(抜粋)>

耐用年数	定額法の償却率	定率法の償却率
47年	0.022	0.043

1. 825,000円
2. 1,612,500円
3. 1,650,000円

【第6問】　下記の(問13)について解答しなさい。

問13
　本年1月10日に相続が開始された藤原啓介さん(被相続人)の<親族関係図>が下記のとおりである場合、民法上の相続人および法定相続分の組み合わせとして、正しいものはどれか。なお、記載のない条件については一切考慮しないこととする。

（2015年1月）

1.　美里$\dfrac{2}{3}$　　多恵子$\dfrac{1}{3}$

2.　美里$\dfrac{2}{3}$　　多恵子$\dfrac{1}{6}$　　祐樹$\dfrac{1}{6}$

3.　美里$\dfrac{3}{4}$　　多恵子$\dfrac{1}{4}$

【第7問】 下記の(問14)〜(問20)について解答しなさい。

<設例>

和田浩一さんは、株式会社PWに勤める会社員である。浩一さんは、昨年12月に第一子が生まれたこともあり、今後の生活設計についてFPで税理士でもある相原さんに相談をした。なお、下記のデータはいずれも本年1月1日現在のものである。

［家族構成(同居家族)］

氏名	続柄	年齢	職業
和田　浩一	本人	33歳	会社員
敦美	妻	30歳	会社員(※)
美咲	長女	0歳	

※　敦美さんは、現在、育児休業取得中である。

［保有資産(時価)］　　　　　　　　　　(単位：万円)

金融資産	
普通預金	250
定期預金	150
財形住宅貯蓄	200
外貨預金	40
生命保険(解約返戻金相当額)	30

［負債］

　なし

［マイホーム］

　浩一さんは、財形住宅貯蓄200万円と、定期預金150万円のうち100万円の合計300万円を頭金とし、民間金融機関で2,200万円の住宅ローンを組み、2,500万円のマンションを購入したいと考えている。

［その他］

　上記以外については、各設問において特に指定のない限り一切考慮しないこととする。

問14

　FPの相原さんは、和田家の(マンション購入後の)バランスシートを作成した。下表の空欄(ア)にあてはまる金額として、正しいものはどれか。なお、<設例>に記載のあるデータに基づいて解答することとし、<設例>に記載のないデータについては一切考慮しないこととする。

(2015年1月)

<和田家のバランスシート>　　　　　　　　　　　　　　　　　　(単位：万円)

[資産]		[負債]	
金融資産		住宅ローン	×××
普通預金	×××		
定期預金	×××	負債合計	×××
財形住宅貯蓄	×××		
外貨預金	×××		
生命保険(解約返戻金相当額)	×××	[純資産]	(ア)
不動産(自宅マンション)	×××		
資産合計	×××	負債・純資産合計	×××

1.　620(万円)
2.　670(万円)
3.　970(万円)

問15

浩一さんは、将来、マンションを購入して、住宅借入金等特別控除(以下「住宅ローン控除」という)の適用を受けたいと考えており、FPの相原さんに住宅ローン控除について質問をした。相原さんの浩一さんに対する所得税における住宅ローン控除に関する次の説明のうち、最も適切なものはどれか。なお、購入するマンションは、認定長期優良住宅等には該当しないものとする。

(2015年1月)

1. 「給与所得者の場合、住宅ローン控除の適用を受ける最初の年は確定申告をしなければなりませんが、翌年以降は年末調整により住宅ローン控除の適用を受けることができます。」
2. 「給与所得者の合計所得金額が2,000万円を超えると、その年以降、合計所得金額が2,000万円以下になったとしても、住宅ローン控除の適用を受けることができなくなります。」
3. 「住宅ローン控除の適用を受けるためには、借入金の償還期間は5年以上でなければなりません。」

問16

浩一さんは、マンション購入に備えて、財形住宅貯蓄(貯蓄型)を利用している。財形住宅貯蓄(貯蓄型)に関する次の記述のうち、最も不適切なものはどれか。

(2015年1月)

1. 勤労者財産形成促進法上の勤労者で、契約申込み時の年齢が55歳未満であれば、利用することができる。
2. 住宅取得のみならず、一定の要件を満たせば、住宅の増改築でも払出しをすることができる。
3. 財形年金貯蓄と合わせて元利合計385万円までの利子が非課税となる。

問17

　浩一さんと敦美さんは、今後15年間で積立貯蓄をして、長女の美咲さんの教育資金として250万円を準備したいと考えている。積立期間中に年利2％で複利運用できるものとした場合、250万円を準備するために必要な毎年の積立金額として、正しいものはどれか。なお、下記＜資料＞の3つの係数の中から最も適切な係数を選択して計算し、解答に当たっては百円未満を四捨五入すること。また、税金や記載のない事項については一切考慮しないこととする。

（2015年1月）

＜資料：係数早見表(年利2.0％)＞

	現価係数	減債基金係数	資本回収係数
15年	0.4301	0.05783	0.07783

※　記載されている数値は正しいものとする。

1.　123,800円
2.　144,600円
3.　194,600円

問18

　浩一さんは、日本の公的年金制度の仕組みについて理解を深めておきたいと思い、FPの相原さんに質問をした。次の記述の空欄(ア)、(イ)にあてはまる語句の組み合わせとして、最も適切なものはどれか。なお、本問においては、厚生年金保険を「厚生年金」とする。

(2015年1月)

　日本の公的年金は2階建ての構造になっている。
　1階部分は「国民年金」であり、日本国内に住所を有する(ア)の人は加入が義務付けられている。老齢基礎年金の受給額は国民年金保険料を納付した月数によって決まり、480月(40年間)納付すると満額の老齢基礎年金を受給することができる。会社員や公務員は国民年金の第2号被保険者とされ、第2号被保険者の被扶養配偶者(主として第2号被保険者の収入により生計を維持する者)は国民年金の(イ)とされる。
　2階部分は「厚生年金」であり、老齢厚生年金の受給額は厚生年金の加入期間とその間の賃金に応じて決まる。このほか、企業によっては、従業員に対して独自の年金を支給する「企業年金」を設けているところもある。

1.　(ア)20歳以上60歳未満　　(イ)第1号被保険者
2.　(ア)20歳以上60歳未満　　(イ)第3号被保険者
3.　(ア)20歳以上65歳未満　　(イ)第3号被保険者

問19

敦美さんは、浩一さんが万一死亡した場合、自分と子どもが生活していけるかどうか不安になり、FPの相原さんに相談をした。仮に、浩一さんが現時点(33歳)で死亡した場合、浩一さんの死亡時点において妻の敦美さんに支給される公的年金の遺族給付に関する次の記述のうち、最も適切なものはどれか。なお、浩一さんは、入社時(22歳で入社)から死亡時まで厚生年金保険に加入しているものとする。また、遺族給付における生計維持要件は満たされているものとする。

(2015年1月)

1. 遺族厚生年金が支給され、さらに中高齢寡婦加算額が加算される。
2. 遺族厚生年金と寡婦年金が支給される。
3. 遺族厚生年金と遺族基礎年金が支給される。

問20

浩一さんの父の晴彦さんは、来年11月末に勤務先を定年退職する予定であり、定年退職後は任意継続被保険者として健康保険の被保険者の資格を継続したいと考えている。全国健康保険協会管掌健康保険(協会けんぽ)の任意継続被保険者に関する次の記述の空欄(ア)～(ウ)にあてはまる語句の組み合わせとして、最も適切なものはどれか。

(2015年1月)

> 資格喪失日の前日まで(ア)以上被保険者であった人は、資格喪失日から起算して(イ)以内に申出をすることにより、退職後も引き続き(ウ)、健康保険の被保険者の資格を継続することができる。これを任意継続被保険者といい、保険料は全額自己負担とされ、原則として傷病手当金や出産手当金を受けることはできない。

1. (ア)継続して2ヵ月　　(イ)20日　　(ウ)2年間
2. (ア)継続して2ヵ月　　(イ)14日　　(ウ)3年間
3. (ア)通算して6ヵ月　　(イ)14日　　(ウ)2年間

〈実技編〉

ファイナンシャル・プランニング技能検定・実技試験

3級 資産設計 提案業務

（日本ファイナンシャル・プランナーズ協会）

第2回

解答・解説

〔100点満点〕 各5点×20問

【解　答】

問1	問2	問3	問4	問5	問6	問7	問8	問9	問10
3	3	2	1	1	1	3	1	2	3

問11	問12	問13	問14	問15	問16	問17	問18	問19	問20
1	1	1	2	1	3	2	2	3	1

【第1問】

問1 （正解）　__3__

1. × 投資助言・代理業の登録をしていないFPは、顧客と投資顧問契約を締結し、当該契約に基づいて特定の有価証券の動向や投資判断（具体的な時期、数量、投資方法）について助言をすることはできない。

2. × 税理士資格を有していないFPが、有償・無償にかかわらず、相談者が納付すべき相続税の具体的な税額計算を行うことは、税理士法に違反する。

3. ○

問2 （正解）　__3__

（ア）　現在（20X1年）の基本生活費が423万円で、変動率が2%である場合には、2年後（20X3年）の基本生活費の空欄（ア）は次のとおり求める。

$$423万円 \times (1 + 0.02)^2 = \underline{440万円}（万円未満四捨五入）$$

（イ）　年間収支の空欄（イ）は、収入合計823万円より支出合計を減算することによって、次のとおり求める。

$$\overset{\text{収入合計}}{823万円} - (\overset{\text{基本生活費}}{423万円} + \overset{\text{住宅関連費}}{157万円} + \overset{\text{教育費}}{65万円} + \overset{\text{保険料}}{48万円} + \overset{\text{一時的支出}}{300万円} + \overset{\text{その他支出}}{50万円})$$

$$= \underline{▲220万円}$$

よって、3.の選択肢が正解となる。

【第2問】

問3 （正解）　__2__

経済用語についてまとめた表の空欄を埋めると、次のとおりとなる。

経済用語	主な内容
空欄(ア) 景気動向指数	生産、雇用などの経済活動状況を表すさまざまな指標の動きを統合して、景気の現状把握や将来の動向を予測するために内閣府が公表している指標である。
空欄(イ) 消費者物価指数	消費者が購入するモノやサービスなどの物価の動きを把握するための統計指標で、総務省から毎月公表されている。
空欄(ウ) 企業物価指数	企業間で取引される商品の価格変動に焦点を当てた指標であり、日本銀行が公表している。国際商品市況や外国為替相場の影響を受けやすい傾向がある。

よって、2.の選択肢が正解となる。

問4　（正解）　1

投資信託の運用スタイル・運用手法に関する記述の空欄を埋めると、次のとおりとなる。

> ・（アクティブ）運用とは、あらかじめ決めた運用目安となる指標（ベンチマーク）^{空欄(ア)}を上回る収益の獲得を目指す運用スタイルのことをいう。一般にアクティブ運用では、（パッシブ）運用に比べて、運用管理費用（信託報酬）などのコストが^{空欄(イ)}（高く）なる傾向がある。^{空欄(ウ)}
> ・アクティブ運用には、ファンドマネージャーやアナリストの調査・分析に基づいて個別銘柄の投資価値を判断し、その積上げによりポートフォリオを構築していく手法があり、これを（ボトムアップ）アプローチという。^{空欄(エ)}

よって、1.の選択肢が正解となる。

問5　（正解）　1

預金保険制度により保護される元本（最大金額）に関する記述の空欄を埋めると、次のとおりとなる。

> ・決済用預金については、（1,200万円が全額保護される）。^{空欄(ア)}
> ・円定期預金については、（1,000万円が保護される）。^{空欄(イ)}
> ・外貨建てMMF（豪ドル）については、（預金保険制度による保護の対象外である）。^{空欄(ウ)}

よって、1.の選択肢が正解となる。

【第3問】

問6　（正解）　1

建築物を建築する場合、その土地に対する建築物の建築面積の最高限度については、建蔽率を用いて計算する。

$$600\text{m}^2 \times 60\% = 360\text{m}^2$$

よって、1.の選択肢が正解となる。

なお、建築物の延べ面積の最高限度については、次のとおりとなる。

$$\underset{\text{前面道路幅員}}{8\text{m}} \times \underset{\text{法定乗数}}{\frac{6}{10}} = 480\% > \underset{\text{指定容積率}}{300\%} \quad \therefore 300\%$$

$$600\text{m}^2 \times 300\% = 1,800\text{m}^2$$

問7　(正解)　3

所得税における課税長期譲渡所得の金額は、次のとおりとなる。
$$\overset{\text{譲渡価額}}{7{,}000万円} - (\overset{\text{取得費}}{2{,}800万円} + \overset{\text{譲渡費用}}{200万円}) - \overset{\text{居住用特別控除}}{3{,}000万円} = 1{,}000万円$$
よって、3.の選択肢が正解となる。

【第4問】

問8　(正解)　1

荒木真司さんが、本年中に交通事故で死亡(即死)した場合、支払われる死亡保険金の合計は、次のとおりである。
$$\overset{\text{終身保険}}{500万円} + \overset{\text{定期保険特約}}{1{,}500万円} + \overset{\text{特定疾病保障定期保険特約}}{300万円} + \overset{\text{傷害特約}}{100万円} = 2{,}400万円$$
なお、特定疾病保障定期保険特約は、死亡事由にかかわらず、死亡保険金が支払われる。また、傷害特約は、不慮の事故による死亡の際は、死亡保険金が支払われるが、病死では死亡保険金は支払われない。
よって、1.の選択肢が正解となる。

問9　(正解)　2

福岡圭人さんが、本年中にガン(悪性新生物)と診断され、7日間入院し、その間に給付倍率10倍の手術(1回)を受けた場合、支払われる給付金の合計は、次のとおりとなる。
$$\overset{\text{入院給付金}}{1万円 \times 7日} + \overset{\text{手術給付金}}{1万円 \times 10倍} = 17万円$$
よって、2.の選択肢が正解となる。

問10　(正解)　3

定期保険の保険料は新生命保険料控除(一般の生命保険料控除)の対象となり、がん保険の保険料は介護医療保険料控除の対象となる。
(1) 新生命保険料控除(一般の生命保険料控除):定期保険
　　58,320円 × 1／4 + 20,000円 = 34,580円
(2) 介護医療保険料控除:がん保険
　　31,200円 × 1／2 + 10,000円 = 25,600円
(3) (1)+(2)=60,180円
よって、3.の選択肢が正解となる。

問11 (正解) __1__

1. ○　なお、相手側の自動車保険から保険金が支払われた場合でも、普通傷害保険における保険金の支払対象となる。

2. ×　自動車の運転による損害賠償責任は、個人賠償責任特約における保険金の支払対象とならない。

3. ×　地震、津波または噴火による傷害は、普通傷害保険における保険金の支払対象とならない。

【第5問】

問12 (正解) __1__

西里さんの本年分の所得税における不動産所得の金額の計算上、必要経費に算入する減価償却費の金額は、次のとおりである。

なお、1998(平成10)年4月1日以後に取得する建物(アパート)の減価償却方法は定額法が適用される。また、不動産賃貸の用に供した月が本年7月からとなるため、下記のとおり、6ヵ月分(7月〜12月)の月数按分する点に留意する。

$$\overset{\text{取得価額}}{75,000,000円} \times \overset{\text{定額法償却率}}{0.022} \times \frac{6月}{12月} = 825,000円$$

よって、1.の選択肢が正解となる。

【第6問】

問13 (正解) __1__

民法上の相続人および法定相続分は、美里さん(妻)と多恵子さん(母)であり、法定相続分は美里さんが$\frac{2}{3}$、多恵子さんが$\frac{1}{3}$となる。

よって、1.の選択肢が正解となる。

【第7問】

問14 （正解）　2

　　和田家のバランスシートは次のとおりであり、資産合計2,870万円と負債合計2,200万円の差額から純資産は（670）万円となる。

＜和田家のバランスシート＞　　　　　　　　　　　　　　　　　（単位：万円）

［資産］		［負債］	
金融資産		住宅ローン	2,200
普通預金	250		
定期預金	50	負債合計	2,200
財形住宅貯蓄	0		
外貨預金	40		
生命保険（解約返戻金相当額）	30	［純資産］	空欄(ア)（670）
不動産（自宅マンション）	2,500		
資産合計	2,870	負債・純資産合計	2,870

※　定期預金150万円のうち100万円と財形住宅貯蓄200万円は、住宅購入の頭金とするため、定期預金の残高は50万円、財形住宅貯蓄の残高は0となる。

　　よって、2.の選択肢が正解となる。

問15 （正解）　1

1.　○
2.　×　納税者の合計所得金額が2,000万円を超えると、その年は、住宅ローン控除の適用を受けることができなくなるが、翌年以降、合計所得金額が2,000万円以下になった場合は、住宅ローン控除の適用を受けることができる。
3.　×　住宅ローン控除の適用を受けるためには、借入金の償還期間は10年以上でなければならない。

問16 （正解）　3

1.　○
2.　○
3.　×　財形住宅貯蓄（貯蓄型）は、財形年金貯蓄と合わせて元利合計550万円までの利子が非課税となる。

問17（正解）　2

年利2%で複利運用しながら15年間で250万円を貯める場合、毎年積み立てるべき金額は、減債基金係数を用いて求める。

2,500,000円×0.05783＝144,575円→144,600円（100円未満四捨五入）

よって、2.の選択肢が正解となる。

問18（正解）　2

日本の公的年金制度の仕組みに関する記述の空欄を埋めると、次のとおりとなる。

日本の公的年金は2階建ての構造になっている。

1階部分は「国民年金」であり、日本国内に住所を有する(20歳以上60歳未満)の人は加入が義務付けられている。老齢基礎年金の受給額は国民年金保険料を納付した月数によって決まり、480月(40年間)納付すると満額の老齢基礎年金を受給することができる。会社員や公務員は国民年金の第2号被保険者とされ、第2号被保険者の被扶養配偶者(主として第2号被保険者の収入により生計を維持する者)は国民年金の(第3号被保険者)とされる。

2階部分は「厚生年金」であり、老齢厚生年金の受給額は厚生年金の加入期間とその間の賃金に応じて決まる。このほか、企業によっては、従業員に対して独自の年金を支給する「企業年金」を設けているところもある。

よって、2.の選択肢が正解となる。

問19（正解）　3

1. ×　3.の解説を参照。
2. ×　3.の解説を参照。
3. ○　敦美さんは、「一定の要件を満たす子のある妻」に該当するため、浩一さんの死亡時点で遺族基礎年金を受給することができる。また、浩一さんは厚生年金保険に加入しているため、浩一さんの死亡時点で遺族厚生年金も受給することができる。

問20 （正解）　　1

　　全国健康保険協会管掌健康保険（協会けんぽ）の任意継続被保険者に関する記述の空
欄を埋めると、次のとおりとなる。

> 　資格喪失日の前日まで（継続して2ヵ月）以上被保険者であった人は、資格喪失日
> から起算して（20日）以内に申出をすることにより、退職後も引き続き（2年間）、健
> 康保険の被保険者の資格を継続することができる。これを任意継続被保険者とい
> い、保険料は全額自己負担とされ、原則として傷病手当金や出産手当金を受ける
> ことはできない。

　　よって、1.の選択肢が正解となる。

〈実技編〉

ファイナンシャル・プランニング技能検定・実技試験

3級 個人資産 相談業務

（金融財政事情研究会）

第1回

問　題

【第1問】 次の設例に基づいて、下記の各問(《問1》～《問3》)に答えなさい。

--- 《設 例》 ---

　会社員のAさん(58歳)は、妻Bさん(56歳)との2人暮らしである。Aさんは、2025年9月末日付で勤務先を退職し、Aさんの父親が営んでいる飲食店(自営業)を継ぐ予定である。そこで、Aさんは、退職後の社会保険への加入等について、ファイナンシャル・プランナーのMさんに相談することにした。

　Aさんおよび妻Bさんに関する資料は、以下のとおりである。

〈Aさんおよび妻Bさんに関する資料〉
(1)　Aさん
　　生年月日：1967年8月20日
　　厚生年金保険、健康保険(全国健康保険協会管掌)等の社会保険に加入している。
　　〔公的年金の加入歴(見込みを含む)〕

1986年 4月		2025年 10月	2027年 8月
厚生年金保険 474月		国民年金 (納付予定) 22月	
18歳		58歳	60歳

(2)　妻Bさん(専業主婦)
　　生年月日：1969年5月6日
　　20歳からAさんと結婚するまでの期間は、国民年金に第1号被保険者として加入し、保険料を納付。結婚後から現在に至るまでの期間は、国民年金に第3号被保険者として加入。

※　妻Bさんは、現在および将来においても、Aさんと同居し、生計維持関係にあるものとする。
※　Aさんおよび妻Bさんは、現在および将来においても、公的年金制度における障害等級に該当する障害の状態にないものとする。
※　上記以外の条件は考慮せず、各問に従うこと。

(2014年9月)

《問1》 Aさんの退職後における公的医療保険についてMさんがAさんに対して説明した以下の文章の空欄①～③に入る語句の組合せとして最も適切なものは、次のうちどれか。

「Aさんの退職後の公的医療保険制度への加入方法としては、国民健康保険への加入や、退職時の健康保険に任意継続被保険者として加入といった選択肢があります。
　国民健康保険に加入する場合、国民健康保険の保険料（税）は、保険者である（　①　）や国民健康保険組合によって異なります。
　また、退職時の健康保険に任意継続被保険者として加入する場合、資格喪失の日から原則として（　②　）以内に任意継続被保険者となるための申出をすることにより、引き続き最長で（　③　）、健康保険の被保険者となることができます」

1) ①　都道府県および市町村（特別区を含む）　　②　14日　③　3年間
2) ①　都道府県および市町村（特別区を含む）　　②　20日　③　2年間
3) ①　都道府県　　　　　　　　　　　　　　　　②　20日　③　3年間

《問2》 Aさんの退職後における公的年金についてMさんがAさんに対して行った説明に関する次の記述のうち、最も不適切なものはどれか。

1) 「妻Bさんは、Aさんの退職後に、国民年金の第3号被保険者から第1号被保険者への種別変更の手続を行う必要があります」
2) 「国民年金の保険料は、将来の一定期間の保険料を前納することができます。この場合、前納期間や納付方法に応じて保険料の割引が適用されます」
3) 「Aさんが希望すれば、老齢基礎年金の支給開始を繰り上げることができますが、繰上げ支給の請求をした場合、老齢基礎年金の年金額は繰上げ1ヵ月当たり0.7％減額されます」

《問3》 Mさんは、Aさんが60歳に達するまで国民年金の保険料を納付した場合の老齢基礎年金の年金額を試算した。Aさんが原則として65歳から受給することができる老齢基礎年金の年金額を算出する計算式は、次のうちどれか。なお、老齢基礎年金の年金額は、2024年度価額に基づいて計算するものとする。

1) $816,000円 \times \dfrac{22月}{480月}$

2) $816,000円 \times \dfrac{474月}{480月}$

3) $816,000円 \times \dfrac{480月}{480月}$

【第2問】 次の設例に基づいて、下記の各問（《問4》〜《問6》）に答えなさい。

─── 《設 例》 ───

　会社員のAさん（45歳）は、最近、各国の国債に関する報道等を目にする機会が増えたことから、あらためて日本の国債、特に個人向け国債について理解を深めたいと考えている。また、自身が保有している株式会社X社の社債の利回り等についても再確認したいと考えている。そこで、Aさんはファイナンシャル・プランナーに相談することにした。

〈Aさんが保有している社債に関する資料〉

　発行会社　　　　　　：株式会社X社
　業種　　　　　　　　：製造業
　購入価格　　　　　　：102円（額面100円当たり）
　現時点の売却可能価格：104円（額面100円当たり）
　表面利率　　　　　　：年1.2％
　利払日　　　　　　　：年2回（2月末日、8月末日）
　保有期間　　　　　　：4年（現時点で売却する場合）

※　上記以外の条件は考慮せず、各問に従うこと。

《問4》　個人向け国債についてファイナンシャル・プランナーが説明した以下の文章の空欄①〜③に入る数値の組合せとして最も適切なものは、次のうちどれか。

　個人向け国債には変動金利型10年満期、固定金利型5年満期、固定金利型3年満期の3種類がある。固定金利型5年満期と固定金利型3年満期は発行時に設定された利率が満期まで変わらない。変動金利型10年満期は利率が半年ごとに変動するが、（　①　）％の最低利率が保証されている。

　また、いずれも購入最低額面金額は（　②　）万円であり、原則として、発行から（　③　）年を経過すれば購入金額の一部または全部を中途換金することができる。

1）　①　0.05　　②　1　　　③　1
2）　①　0.05　　②　5　　　③　2
3）　①　0.1　　　②　5　　　③　1

《問5》 債券投資についてファイナンシャル・プランナーが説明した次の記述のうち、最も適切なものはどれか。

1) 債券や債券の発行体の信用状態に関する評価の結果を記号等で示したものを信用格付といい、一般に、CCC（トリプルC）以上の格付が付されていれば投資適格債券とされる。

2) 一般に、信用リスクの高い発行体が発行する債券は、表面利率等の他の条件を同一とすれば、信用リスクの低い発行体が発行する債券に比べ債券価格は低く、利回りは高くなる。

3) 個人向け国債は比較的安全性が高い債券とされているが、購入の際には価格変動リスクや期限前償還リスクを十分に考慮する必要がある。

《問6》 Aさんが《設例》の社債を現時点で売却した場合の所有期間利回り（年率・単利）として最も適切なものは、次のうちどれか。なお、計算にあたっては税金や手数料等を考慮せず、答は％表示における小数点以下第3位を四捨五入している。

1) 0.67％
2) 1.15％
3) 1.67％

─────── 《設　例》 ───────

　会社員のAさん(60歳)は、本年12月末に、これまで勤務していたX社を勤続40年9ヵ月で退職し、退職金を受け取った。Aさんは再就職をする予定はなく、今後は趣味を楽しみながら暮らす予定である。また、Aさんには、本年中に医療費の支出および上場株式の譲渡損失がある。

　Aさんの本年分の収入等の状況等は、以下のとおりである。

〈Aさんの本年分の収入等の状況〉
・退職金の額　　　　　　　　：　2,600万円
・給与収入の金額　　　　　　：　1,200万円
・上場株式の譲渡損失の金額：　　100万円
・医療費の支出額　　　　　　：　　25万円

〈Aさんの家族構成〉
・妻Bさん(58歳)　　　　　　　：本年中に収入はない。
※　妻Bさんは、Aさんと同居し、生計を一にしている。
※　Aさんの退職は、障害者になったことが直接の原因ではない。

※　上記以外の条件は考慮せず、各問に従うこと。

(2014年1月)

個人資産　相談業務(第1回)

《問7》 所得税の計算等に関する以下の文章の空欄①〜③に入る語句の組合せとして最も適切なものは、次のうちどれか。

ⅰ）総所得金額、退職所得金額または山林所得金額を計算する場合において、不動産所得、事業所得、山林所得、（ ① ）所得の金額の計算上生じた損失の金額（一部対象とならないものがある）があるときは、一定の順序に従って他の所得の金額から控除することができる。

ⅱ）Aさんが退職により受け取った退職金は、退職所得として（ ② ）の対象となり、退職の際に「退職所得の受給に関する申告書」を提出している場合は、原則として、確定申告の必要はない。

ⅲ）Aさんが、Aさんまたは妻Bさんのために一定の医療費を支払った場合、所定の要件のもと、医療費控除として一定の金額の（ ③ ）を受けることができる。

1) ① 譲渡　② 総合課税　③ 税額控除
2) ① 譲渡　② 分離課税　③ 所得控除
3) ① 配当　② 分離課税　③ 税額控除

《問8》 AさんがX社から受け取った退職金に係る退職所得の金額は、次のうちどれか。

1) $\left[2,600万円 - \{800万円 + 70万円 \times (41年 - 20年)\}\right] \times \dfrac{1}{2} = 165万円$

2) $(2,600万円 - 40万円 \times 41年) \times \dfrac{1}{2} = 480万円$

3) $2,600万円 - 40万円 \times 41年 = 960万円$

《問9》 Aさんの本年分の総所得金額は、次のうちどれか。

1) 905万円
2) 1,005万円
3) 1,200万円

〈資料〉 給与所得控除額

給与収入金額	給与所得控除額
万円超　　万円以下	
180	収入金額×40％－10万円 [55万円に満たない 場合は、55万円]
180～　　360	収入金額×30％＋　　8万円
360～　　660	収入金額×20％＋　　44万円
660～　　850	収入金額×10％＋　110万円
850	195万円（上限）

【第4問】 次の設例に基づいて、下記の各問（《問10》～《問12》）に答えなさい。

---《設 例》---

　会社員のAさん(45歳)は、妻Bさん(42歳)、長男Cさん(9歳)および長女Dさん(6歳)の4人家族である。Aさん家族は現在、賃貸住宅(2LDK・49㎡)に暮らしているが、手狭になってきたこともあり、転居を計画している。そのような折、Aさんは宅地建物取引業者から下記の中古マンション(以下、「甲マンション」という)の売却物件情報を入手した。Aさんは甲マンションの購入を検討するにあたり、物件情報の見方や関連法規などについて改めて確認したいと考えている。

　甲マンションの売却物件情報は、以下のとおりである。なお、甲マンションは新耐震基準を満たしている。

《甲マンションの売却物件情報》

物件名	甲マンション801号室	価格	2,380万円
管理費	1万4,100円／月	修繕積立金	1万1,900円／月
所在地	東京都K区T3丁目	間取り	3LDK
交通	JR S線 K駅 徒歩10分	専有面積	69.08㎡(壁芯面積)
築年月	平成15年12月	所在階	8階／13階建
総戸数	68戸	建物構造	鉄骨鉄筋コンクリート造
用途地域	第1種住居地域	土地権利	所有権
広告有効期限	※年※月※日	取引態様	一般媒介

※　上記以外の条件は考慮せず、各問に従うこと。

(2014年1月)

《問10》　甲マンションの売却物件情報等についての次の記述のうち、最も適切なものはどれか。

1) 甲マンションの売却物件情報に表示されている専有面積は、内法面積で表示されている不動産登記記録の専有面積とは一致しない。

2) Aさんに甲マンションの売却物件情報を提供した宅地建物取引業者が、甲マンションを所有する売主である。

3) 甲マンションの所有権に関する登記の登記事項は、不動産登記記録の権利部甲区に記録されているが、不動産登記記録を法務局で閲覧できる者は司法書士資格を有する者に限られる。

《問11》 甲マンションの購入にあたっての留意点等に関する次の記述のうち、最も適切なものはどれか。

1) 甲マンションは中古マンションであるため、所得税の住宅借入金等特別控除の適用対象とはならない。
2) 登記には公信力があるため、不動産登記記録に所有者として記録されている者から甲マンションを取得した場合、Aさんは甲マンションの所有権を必ず取得することができる。
3) 土地・家屋の固定資産税の納税義務者は、毎年1月1日現在で所有者として固定資産課税台帳に登録されている者であるが、一般には、売主と買主の間で、売買契約等により固定資産税の負担割合を所有期間で按分し、精算する。

《問12》 Aさんが甲マンションを購入した場合に課される不動産取得税および登録免許税に関する以下の文章の空欄①～③に入る語句の組合せとして最も適切なものは、次のうちどれか。

ⅰ）不動産取得税の納税義務者は、不動産の取得者であるAさんとなる。不動産取得税の課税標準は、原則としてその不動産の（　①　）であるが、甲マンションはその専有面積、構造、築年数等からみて不動産取得税の課税標準の特例の適用を受けることが（　②　）と想定できる。
ⅱ）登録免許税は、所有権の移転等について登記を受ける際に課される税金である。売買に伴い所有権移転登記をする場合、（　③　）納税義務者となるが、一般には、売買契約等により買主が負担する。

1) ① 取引価格　　　　② できない　　③ 売主と買主が連帯して
2) ① 固定資産税評価額　② できる　　③ 売主と買主が連帯して
3) ① 固定資産税評価額　② できない　③ 売主が

【第5問】 次の設例に基づいて、下記の各問（《問13》～《問15》）に答えなさい。

------《設 例》------

Aさんは、本年11月10日に病気により71歳で死亡した。Aさんは、生前に、自筆証書遺言を作成し、自宅に保管していた。また、Aさんは、5年前に長女Dさんに現金の贈与（暦年課税）を行っている。

Aさんの親族関係図および主な財産の状況等は、以下のとおりである。

〈Aさんの親族関係図〉

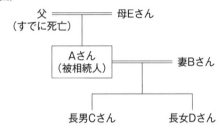

〈Aさんの主な財産（相続税評価額）〉
・預貯金　　：3,000万円
・有価証券　：5,500万円
・自宅の敷地：6,000万円
・自宅の家屋：1,000万円

〈Aさんが加入していた生命保険契約に関する資料〉
　保険の種類　　　　　　　　　　　：終身保険
　契約者（＝保険料負担者）・被保険者：Aさん
　死亡保険金受取人　　　　　　　　：妻Bさん
　死亡保険金額　　　　　　　　　　：2,000万円
※　妻Bさん、長男Cさんおよび長女Dさんは、いずれもAさんの相続により財産を取得するものとする。

※　上記以外の条件は考慮せず、各問に従うこと。

（2015年1月）

《問13》 相続開始後の手続に関する以下の文章の空欄①～③に入る語句の組合せとして最も適切なものは、次のうちどれか。

i) 被相続人が自筆証書遺言を自宅に保管していた場合、遺言書の保管者またはこれを発見した相続人は、相続の開始を知った後、遅滞なく、その遺言書を(①)に提出してその検認を請求しなければならない。

ii) 相続税の申告義務を有する者は、原則として、その相続の開始があったことを知った日の翌日から(②)以内に、(③)の住所地を所轄する税務署に相続税の申告書を提出しなければならない。

1) ① 家庭裁判所　② 4ヵ月　③ 相続人
2) ① 家庭裁判所　② 10ヵ月　③ 被相続人
3) ① 公証役場　② 10ヵ月　③ 相続人

《問14》 Aさんの相続に係る相続税に関する次の記述のうち、最も適切なものはどれか。

1) 妻Bさんが「配偶者に対する相続税額の軽減」の適用を受けるためには、Aさんの相続開始時において、Aさんとの婚姻期間が20年以上でなければならない。
2) 妻Bさんが取得した死亡保険金に係る生命保険金の非課税限度額は、「500万円×法定相続人の数」の算式により算出する。
3) Aさんの相続税額の計算上、遺産に係る基礎控除額は「5,000万円＋1,000万円×法定相続人の数」の算式により算出する。

《問15》 Aさんの相続に係る法定相続人およびその法定相続分の組合せとして最も適切なものは、次のうちどれか。

1) 妻Bさん：$\frac{1}{2}$、長男Cさん：$\frac{1}{4}$、長女Dさん：$\frac{1}{4}$

2) 妻Bさん：$\frac{1}{3}$、長男Cさん：$\frac{1}{3}$、長女Dさん：$\frac{1}{3}$

3) 妻Bさん：$\frac{1}{2}$、長男Cさん：$\frac{1}{6}$、長女Dさん：$\frac{1}{6}$、母Eさん：$\frac{1}{6}$

〈実技編〉

ファイナンシャル・プランニング技能検定・実技試験

3級 個人資産 相談業務

（金融財政事情研究会）

第1回

解答・解説

〔50点満点〕

【解　答】

【第1問】

番号	問1	問2	問3
正解	2	3	3
配点	3点	3点	4点

【第2問】

番号	問4	問5	問6
正解	1	2	3
配点	3点	3点	4点

【第3問】

番号	問7	問8	問9
正解	2	1	2
配点	3点	4点	3点

【第4問】

番号	問10	問11	問12
正解	1	3	2
配点	3点	4点	3点

【第5問】

番号	問13	問14	問15
正解	2	2	1
配点	3点	3点	4点

【第1問】

《問1》 （正解）　2

「～国民健康保険に加入する場合、国民健康保険の保険料(税)は、保険者である(都道府県および市町村(特別区を含む))や国民健康保険組合によって異なります。

また、退職時の健康保険に任意継続被保険者として加入する場合、資格喪失の日から原則として(20日)以内に任意継続被保険者となるための申出をすることにより、引き続き最長で(2年間)、健康保険の被保険者となることができます」

よって、2)の選択肢が正解となる。

《問2》 （正解）　3

1)　○

2)　○

3)　×　Aさんが希望すれば、老齢基礎年金の支給開始を繰り上げることができるが、繰上げ支給の請求をした場合、老齢基礎年金の年金額は繰上げ1ヵ月当たり0.4%減額される。

《問3》 （正解）　3

設例において、老齢基礎年金の年金額は、次の計算式により算出される。

$$\overset{\text{2024年度価額}}{816{,}000円} \times \frac{\overset{\text{※保険料納付済期間}}{480月}}{480月} = 816{,}000円$$

※　保険料納付済期間とは、次の3つの期間をいう。

①　第1号被保険者としての被保険者期間のうち保険料を納付した期間

②　第2号被保険者としての被保険者期間のうち20歳以上60歳未満の期間

③　第3号被保険者としての被保険者期間

Aさんには①の期間および②の期間があるため、それぞれの期間を合算する。

①　2025年10月からAさんが60歳となる2027年8月の期間　22月

②　Aさんが20歳となる1987年8月から2025年9月の期間　458月

22月＋458月＝480月

よって、3)の選択肢が正解となる。

【第2問】

《問4》 （正解） 1

　　個人向け国債には変動金利型10年満期、固定金利型5年満期、固定金利型3年満期の3種類がある。固定金利型5年満期と固定金利型3年満期は発行時に設定された利率が満期まで変わらない。変動金利型10年満期は利率が半年ごとに変動するが、(0.05)%の最低利率が保証されている。

　　また、いずれも購入最低額面金額は（ 1 ）万円であり、原則として、発行から、（ 1 ）年を経過すれば購入金額の一部または全部を中途換金することができる。

　　よって、1)の選択肢が正解となる。

《問5》 （正解） 2

1) × 　債券や債券の発行体の信用状態に関する評価の結果を記号等で示したものを信用格付といい、一般に、BBB（トリプルB）以上の格付が付されていれば投資適格債券とされる。

2) ○

3) × 　個人向け国債は、満期日に額面金額により償還することを日本国政府が保証する債券であり、また、経済環境等により実勢金利が上昇した場合でも、元本の部分の価格は変動しない。そのため、価格変動リスクや期限前償還リスク（繰上償還などにより、債券が途中償還されることにより、当初予定していた投資期間や利回りでの運用ができなくなるリスク）を考慮する必要はない。

《問6》 （正解） 3

　　《設例》の社債を現時点で売却した場合の所有期間利回り（年率・単利）は、次のとおりとなる。

$$\frac{1.2円 + \dfrac{\overset{売却可能価格}{104円} - \overset{購入価格}{102円}}{\underset{保有期間}{4年}}}{\underset{購入価格}{102円}} \times 100 = 1.67\%（小数点以下第3位四捨五入）$$

※　$\overset{額面}{100円} \times \overset{表面利率}{1.2\%} = 1.2円$

　　よって、3)の選択肢が正解となる。

【第3問】

《問7》 （正解）　2

　i ）総所得金額、退職所得金額または山林所得金額を計算する場合において、不動産
　　　所得、事業所得、山林所得、(譲渡)所得の金額の計算上生じた損失の金額(一部対
　　　象とならないものがある)があるときは、一定の順序に従って他の所得の金額から
　　　控除することができる。

　ii ）Aさんが退職により受け取った退職金は、退職所得として(分離課税)の対象とな
　　　り、退職の際に「退職所得の受給に関する申告書」を提出している場合は、原則とし
　　　て、確定申告の必要はない。

　iii ）Aさんが、Aさんまたは妻Bさんのために一定の医療費を支払った場合、所定の要
　　　件のもと、医療費控除として一定の金額の(所得控除)を受けることができる。

　よって、2)の選択肢が正解となる。

《問8》 （正解）　1

　　Aさんの退職金に係る退職所得の金額は、次のとおりである。

　〈退職所得の金額〉

　　〔2,600万円 － {800万円 + 70万円 × (41年 － 20年)}〕 × $\frac{1}{2}$ = 165万円

　　　※　退職所得控除額は、勤続年数が「20年超」の場合には、次の算式により計算す
　　　る。

　　　　| 800万円 + 70万円 × (勤続年数 － 20年) |

　　　なお、勤続年数に1年未満の端数がある場合には、これを1年として計算する。

　　　40年9ヵ月→41年(1年未満は1年とする)

　　よって、1)の選択肢が正解となる。

《問9》 （正解）　2

　　総所得金額は、総合課税の対象となる所得を合計した金額となるため、給与収入の金額に係る「給与所得の金額」が該当する。

　　なお、退職金の額（退職所得の金額）は、分離課税の対象となるため、総所得金額には含めない点に留意すること。

　　また、上場株式の譲渡損失の金額は、給与所得の金額とは損益通算することができず、医療費の支出額は、所定の要件のもと、所得控除の対象となるため、本問の総所得金額の増減には影響しない点に留意すること。

　　上記より、Aさんの本年分の総所得金額は、次のとおりである。

〈総所得金額〉

　　給与所得の金額：1,200万円 − 195万円 ＝ 1,005万円
　　　　　　　　　　給与収入の金額　給与所得控除額

よって、2)の選択肢が正解となる。

【第4問】

《問10》（正解）　1

1) ○　甲マンションの売却物件情報に表示されている専有面積は、壁芯面積(壁の中心線で計った面積)で表示されているため、不動産登記記録の専有面積で表示されている内法面積(壁の内側で計った面積)とは一致しない。

2) ×　甲マンションの売却物件情報の「取引態様」が「一般媒介」と表示されているため、Aさんに甲マンションの売却物件情報を提供した宅地建物取引業者は、売主と買主との間を調整して売買契約を成立させる役割を担っていることがわかる。

　　　なお、宅地建物取引業者が甲マンションを所有する売主の場合には、「取引態様」が「売主」と表示される点に留意すること。

3) ×　不動産登記記録は、資格保有者に限らず、法務局で手数料を納付すれば誰でも閲覧することができる。

《問11》（正解）　3

1) ×　甲マンションは中古マンションであるが、新耐震基準を満たしているため、所得税の住宅借入金等特別控除の適用対象となる。

2) ×　わが国の不動産登記には公信力が認められていないため、不動産登記記録に所有者として記録されている者から甲マンションを取得しても、Aさんは甲マンションの所有権を必ず取得できるとは限らない。

3) ○

《問12》（正解）　2

ⅰ）不動産取得税の納税義務者は、不動産の取得者であるAさんとなる。不動産取得税の課税標準は、原則としてその不動産の(固定資産税評価額)^{空欄①}であるが、甲マンションはその専有面積、構造、築年数等からみて不動産取得税の課税標準の特例の適用を受けることが(できる)^{空欄②}と想定できる。

ⅱ）登録免許税は、所有権の移転等について登記を受ける際に課される税金である。売買に伴い所有権移転登記をする場合、(売主と買主が連帯して)^{空欄③}納税義務者となるが、一般には、売買契約等により買主が負担する。

よって、2)の選択肢が正解となる。

【第5問】

《問13》（正解） 2

ⅰ）被相続人が自筆証書遺言を自宅で保管していた場合、遺言書の保管者またはこれを発見した相続人は、相続の開始を知った後、遅滞なく、その遺言書を（家庭裁判所）に提出してその検認を請求しなければならない。

　　なお、自筆証書遺言を法務局で保管している場合、検認の手続きは不要となる。

ⅱ）相続税の申告義務を有する者は、原則として、その相続の開始があったことを知った日の翌日から（10ヵ月）以内に、（被相続人）の住所地を所轄する税務署に相続税の申告書を提出しなければならない。

　　よって、2)の選択肢が正解となる。

《問14》（正解） 2

1) ×　相続税の「配偶者に対する相続税額の軽減」は婚姻期間を問わず適用される。なお、贈与税の「配偶者控除」の適用を受けるためには、贈与時において、婚姻期間が20年以上でなければならない。

2) ○

3) ×　Aさんの相続税額の計算上、遺産に係る基礎控除額は「3,000万円＋600万円×法定相続人の数」の算式により算出する。

《問15》（正解） 1

　Aさんの相続に係る法定相続人およびその法定相続分の組合せは、次のとおりとなる。

　配偶者以外の相続人が複数いる場合の法定相続分は、原則として均等頭割りとする。

妻B… $\dfrac{1}{2}$

長男C、長女D… $\dfrac{1}{2} \times \dfrac{1}{2} = \dfrac{1}{4}$

よって、1)の選択肢が正解となる。

〈実技編〉

ファイナンシャル・プランニング技能検定・実技試験

3級 個人資産 相談業務

（金融財政事情研究会）

第2回

問　題

【第1問】 次の設例に基づいて、下記の各問(《問1》~《問3》)に答えなさい。

《設 例》

　会社員のAさん(36歳)は、妻Bさん(35歳)および長男Cさん(0歳)との3人暮らしである。

　Aさんは、今年4月に長男Cさんが誕生したことを機に、マイホームの購入や教育資金の準備など、今後の資金計画を検討したいと考えている。Aさんは、その前提として、病気やケガで入院等した場合の健康保険の保険給付や自分が死亡した場合の公的年金制度からの遺族給付の支給など、社会保険制度の概要について理解しておきたいと思っている。

　そこで、Aさんは、懇意にしているファイナンシャル・プランナーのMさんに相談することにした。Aさんの家族構成等は、以下のとおりである。

〈Aさんの家族構成〉

Aさん 　　：1987年12月16日生まれ
　　　　　　会社員(厚生年金保険・全国健康保険協会管掌健康保険に加入)
妻Bさん 　：1989年5月14日生まれ
　　　　　　国民年金に第3号被保険者として加入している。
長男Cさん ：2024年4月19日生まれ

〈公的年金加入歴(2024年8月分まで)〉

	20歳	22歳		36歳
Aさん	国民年金 保険料納付済期間 (28月)	厚 生 年 金 保 険 (173月)		

	20歳	22歳	Aさんと結婚	35歳
妻Bさん	国民年金 保険料納付済期間 (35月)	厚 生 年 金 保 険 (108月)	国民年金 (41月)	

※　妻Bさんは、現在および将来においても、Aさんと同居し、生計維持関係にあるものとする。また、就業の予定はないものとする。

※　家族全員、Aさんと同一の世帯に属し、Aさんの健康保険の被扶養者である。

※　家族全員、現在および将来においても、公的年金制度における障害等級に該当する障害の状態にないものとする。

※　上記以外の条件は考慮せず、各問に従うこと。

（2018年9月）

《問1》　Mさんは、健康保険の保険給付についてアドバイスした。MさんのAさんに対するアドバイスとして、次のうち最も適切なものはどれか。

1)　「医療費の一部負担金等の額が自己負担限度額を超える場合は、所定の手続により、自己負担限度額を超えた額が高額療養費として支給されます。自己負担限度額は、所得区分に応じて、その額が異なります」

2)　「Aさんに係る医療費の一部負担金の割合は、入院・外来を問わず、実際にかかった費用の1割です」

3)　「Aさんが病気やケガによる療養のために、連続4日以上、業務に就くことができず、当該期間について事業主から報酬が支払われない場合は、所定の手続により、傷病手当金が療養を開始した日から通算して3年を限度として支給されます」

《問2》 Mさんは、現時点（2024年9月9日）においてAさんが死亡した場合に妻Bさんに支給される遺族厚生年金の金額等について説明した。Mさんが、Aさんに対して説明した以下の文章の空欄①～③に入る語句の組合せとして、次のうち最も適切なものはどれか。

「現時点においてAさんが死亡した場合、妻Bさんに対して遺族厚生年金と遺族基礎年金が支給されます。

遺族厚生年金の額は、原則として、Aさんの厚生年金保険の被保険者記録を基礎として計算した老齢厚生年金の報酬比例部分の額の（　①　）に相当する額になります。ただし、その計算の基礎となる被保険者期間の月数が（　②　）に満たないときは、（　②　）とみなして年金額が計算されます。

また、長男Cさんの（　③　）到達年度の末日が終了すると、妻Bさんの有する遺族基礎年金の受給権は消滅します。その後、妻Bさんが65歳に達するまでの間、妻Bさんに支給される遺族厚生年金の額に中高齢寡婦加算が加算されます」

1) ①　3分の2　　②　240月　　③　18歳
2) ①　4分の3　　②　240月　　③　20歳
3) ①　4分の3　　②　300月　　③　18歳

《問3》 現時点（2024年9月9日）においてAさんが死亡した場合、妻Bさんに支給される遺族基礎年金の年金額（2024年度価額）は、次のうちどれか。

1) 816,000円
2) 816,000円＋78,300円＝894,300円
3) 816,000円＋234,800円＝1,050,800円

【第2問】 次の設例に基づいて、下記の各問(《問4》~《問6》)に答えなさい。

----《設 例》----

会社員のAさん(45歳)は、余裕資金を利用して、かねてから興味を持っていた上場企業X社の株式(以下、「X社株式」という)を購入しようと考えている。そこで、Aさんは、株式投資について、証券会社に勤務するファイナンシャル・プランナーのMさんに相談することにした。

Aさんが購入を検討しているX社株式に関する資料は、以下のとおりである。

〈X社株式に関する資料〉
・業種 ：サービス業(外食)
・特徴 ：主な原材料を海外から輸入し、低価格で和・洋食を提供している。過去3年間、前年度比で増収・増益を達成している。
・株価 ：540円
・当期純利益 ：60億円
・純資産(自己資本)：800億円
・総資産 ：1,200億円
・発行済株式数 ：2億株
・前期の配当金の額 ：5円(1株当たり)

※ 上記以外の条件は考慮せず、各問に従うこと。

(2014年9月)

《問4》 株式の購入方法についてMさんがAさんに対して説明した以下の文章の空欄①〜③に入る語句の組合せとして最も適切なものは、次のうちどれか。

「国内上場株式の売買注文方法の1つに、価格をあらかじめ指定して注文をする（　①　）注文があります。同一銘柄に対して、（　①　）による買付注文が複数ある場合、価格の（　②　）注文から先に買付が成立します。また、（　①　）注文による買付において、指定した価格よりも低い価格で買付が成立すること（　③　）」

1)　① 指値　　② 高い　　③ があります
2)　① 指値　　② 低い　　③ はありません
3)　① 成行　　② 高い　　③ はありません

《問5》 X社株式についてMさんがAさんに対して行った説明に関する次の記述のうち、最も適切なものはどれか。

1)　「X社は、主な原材料を海外から輸入しているため、一般に、円安の進行は株価にとって好材料となると考えられます」
2)　「X社は前期に1株当たり5円の配当金を支払っていますが、配当金の額はX社の業績等により変動することがあります」
3)　「X社の過去3年間の業績を勘案すれば、X社株式の株価は今後必ず上昇しますので、ご購入をおすすめします」

《問6》 X社株式の投資指標に関する次の記述のうち、最も不適切なものはどれか。

1)　PER（株価収益率）は、18倍である。
2)　PBR（株価純資産倍率）は、1.35倍である。
3)　ROE（自己資本利益率）は、5％である。

【第3問】 次の設例に基づいて、下記の各問(《問7》~《問9》)に答えなさい。

----------------------------------- 《設　例》 -----------------------------------

　会社員のAさん(46歳)は、妻Bさん(41歳)および長女Cさん(17歳)との3人暮らしである。Aさんおよび家族は下記のような病気による治療等を受けたため、これに係る医療費について医療費控除の適用を受けたいと考えている。

　Aさんの家族構成および本年分の収入等に関する資料等は、以下のとおりである。

〈Aさんの家族構成〉
　　・Aさん　　　(46歳)　：会社員
　　・妻Bさん　　(41歳)　：専業主婦。本年中に収入はない。
　　・長女Cさん(17歳)　：高校生。本年中に収入はない。

〈Aさんの本年分の収入等に関する資料〉
　　・給与収入の金額　　　　：800万円
　　・不動産の賃貸収入の金額：120万円(不動産の賃貸収入に係る必要経費は40万円)

〈Aさんと家族が受けた治療に関して支払った医療費に関する資料〉
　　・Aさんは歯科治療を受け、その治療は前年中に終わったが、その治療費を本年
　　　1月に支払った。
　　・Aさんは、妻Bさんの入院治療に係る費用を本年中に支払った。
　　・長女Cさんは、近視を矯正するため、眼鏡店で眼鏡(手術後の機能回復のため
　　　に短期間使用するものではない)を購入し、購入費用をAさんが支払った。

※　妻Bさんおよび長女Cさんは、Aさんと同居し、生計を一にしている。
※　家族は、いずれも障害者および特別障害者には該当しない。
※　家族の年齢は、いずれも本年12月31日現在のものである。

※　上記以外の条件は考慮せず、各問に従うこと。

(2016年9月)

《問7》　所得税の確定申告に関して説明した以下の文章の空欄①～③に入る語句の組合せとして最も適切なものは、次のうちどれか。

ⅰ）給与所得者の給与から源泉徴収された所得税は、勤務先で行う年末調整によって精算されるため、その年分の所得が1ヵ所のみからの給与所得だけであれば、原則として、給与所得者は、所得税の確定申告が不要である。しかし、その年分の給与収入の金額が（　①　）を超える給与所得者は、年末調整の対象とならないため、所得税の確定申告をしなければならない。

ⅱ）Aさんの本年分の給与収入は（　①　）を超えていないが、給与所得および退職所得以外の所得金額が（　②　）を超えている場合には確定申告が必要であり、Aさんの場合は給与所得および退職所得以外の所得金額が（　②　）を超えているため、所得税の確定申告をしなければならない。本年分の所得税の確定申告書の提出期限は、原則として翌年（　③　）である。

---

1)　①　1,500万円　　②　20万円　　③　3月31日
2)　①　2,000万円　　②　15万円　　③　3月31日
3)　①　2,000万円　　②　20万円　　③　3月15日

《問8》　Aさんおよびその家族が設例のような治療を受けていた場合の所得税の医療費控除に関する次の記述のうち、最も不適切なものはどれか。

1)　Aさん本人が歯科治療を受け、その治療費を本年1月に支払っているが、その治療は前年中に終わっているため、本年分の医療費控除の対象とならない。
2)　Aさんは、妻Bさんの入院治療に係る費用を本年中に支払っており、妻Bさんは本人と生計を一にする親族に該当するため、本年分の医療費控除の対象となる。
3)　長女Cさんが使用する眼鏡は、日常生活の必要性に基づいて購入されたものであり、本年分の医療費控除の対象とならない。

《問9》 Aさんの本年分の総所得金額は、次のうちどれか。なお、Aさんは青色申告の
承認を受けていないものとする。

1) 690万円
2) 890万円
3) 930万円

<給与所得控除額>

給与収入金額	給与所得控除額
万円超　万円以下	
〜　　180	収入金額×40％－10万円〔55万円に満たない 場合は、55万円〕
180〜　360	収入金額×30％＋ 8万円
360〜　660	収入金額×20％＋44万円
660〜　850	収入金額×10％＋110万円
850	195万円

【第4問】 次の設例に基づいて、下記の各問(《問10》~《問12》)に答えなさい。

《設 例》

　Aさんは、Aさんの母親が所有していた駐車場(甲土地：375㎡)を本年4月に相続により取得した。Aさんは、甲土地上に賃貸アパートを建築する予定である。

　甲土地に関する資料は、以下のとおりである。

〈甲土地に関する資料〉

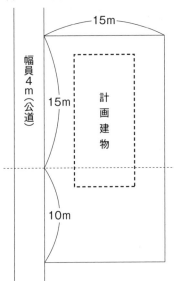

用途地域　：第一種低層住居専用地域
指定建蔽率：50%
指定容積率：100%
前面道路幅員による容積率の制限
　　　　　：前面道路幅員×$\dfrac{4}{10}$
防火規制　：準防火地域

用途地域　：第二種低層住居専用地域
指定建蔽率：50%
指定容積率：100%
前面道路幅員による容積率の制限
　　　　　：前面道路幅員×$\dfrac{4}{10}$
防火規制　：防火地域

※　甲土地は、特定行政庁が指定する幅員6mの区域には該当しない。

※　上記以外の条件は考慮せず、各問に従うこと。

（2014年5月）

《問10》 甲土地上に賃貸アパートを建築する場合の法令上の規制に関する以下の文章の空欄①〜③に入る語句の組合せとして最も適切なものは、次のうちどれか。

　　《設例》にある計画建物の配置どおりに甲土地上に賃貸アパートを建築する場合、賃貸アパートの建物やその敷地の全部について（　①　）の用途制限が適用される。また、防火規制に関しては、原則として、賃貸アパートの建物の全部について（　②　）内の建築物に関する規定が適用される。

　　仮に、建築する賃貸アパートを耐火建築物とした場合、（　②　）内の建築物に関する規定が適用されるため、建蔽率の上限は（　③　）加算される。

1)　①　第一種低層住居専用地域　　②　準防火地域　　③　20%
2)　①　第二種低層住居専用地域　　②　防火地域　　③　20%
3)　①　第一種低層住居専用地域　　②　防火地域　　③　10%

《問11》 甲土地の取得に関する次の記述のうち、最も不適切なものはどれか。

1)　Aさんは甲土地を母親から相続により取得しており、この取得について不動産取得税は課されない。
2)　Aさんは、市区町村役場への申請により甲土地の所有権移転登記を受けることができる。
3)　甲土地について所有権移転登記を受けた場合、Aさんには登録免許税が課される。

《問12》 Aさんが甲土地上に賃貸アパートを建築する場合における最大延べ面積は、次のうちどれか。

1)　$225㎡ \times 50\% + 150㎡ \times 50\% = 187.5㎡$
2)　$225㎡ \times 100\% + 150㎡ \times 100\% = 375㎡$
3)　$225㎡ \times 160\% + 150㎡ \times 160\% = 600㎡$

【第5問】 次の設例に基づいて、下記の各問（《問13》〜《問15》）に答えなさい。

《設 例》

　　元会社役員のAさんは、本年12月29日に68歳で死亡した。Aさんの家族は妻Bさん（66歳）、長女Cさん（40歳）および長男Dさん（35歳）の3人である。

　　Aさんの親族関係図および主な財産の状況は、以下のとおりである。

〈Aさんの親族関係図〉

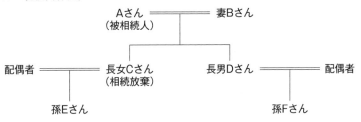

〈Aさんの主な財産（相続税評価額）〉

　　預貯金　　　　　　　　　　　　： 5,000万円
　　自宅の敷地（宅地）　　　　　　： 7,000万円
　　自宅の建物（家屋）　　　　　　： 1,000万円
　　賃貸アパートの敷地（宅地）： 8,000万円
　　賃貸アパートの建物（家屋）： 1,000万円

※　上記以外の条件は考慮せず、各問に従うこと。

(2014年1月)

《問13》 Aさんの相続に関する次の記述のうち、最も不適切なものはどれか。

1)　Aさんの相続における民法上の相続人は、妻Bさんおよび長男Dさんの2人である。
2)　相続の放棄をする場合、相続の開始があったことを知った時から原則として3ヵ月以内に、その旨を家庭裁判所に申述する必要がある。
3)　相続税の申告をする場合、原則として、相続の開始があったことを知った日の翌日から6ヵ月以内に、相続税の申告書を提出しなければならない。

《問14》 Aさんの相続における遺産に係る基礎控除額は、次のうちどれか。

1)　3,000万円
2)　4,200万円
3)　4,800万円

《問15》 Aさんが所有していた賃貸アパートの敷地の相続税評価について説明した以下の文章の空欄①～③に入る語句の組合せとして最も適切なものは、次のうちどれか。

　Aさんの相続における相続税の課税価格の計算において、賃貸アパートの敷地は（　①　）として評価され、その相続税評価額は、「（　②　）×（1 － 借地権割合 × 借家権割合 × 賃貸割合）」で計算される。なお、相続税評価額の計算に用いられる借家権割合は、全国一律で（　③　）とされている。

1)　①　貸宅地　　　　②　固定資産税評価額　　　　③　30%
2)　①　貸家建付地　　②　自用地としての相続税評価額　③　30%
3)　①　貸家建付地　　②　固定資産税評価額　　　　③　70%

〈実技編〉

ファイナンシャル・プランニング技能検定・実技試験

3級 個人資産 相談業務
（金融財政事情研究会）

第2回

解答・解説

〔50点満点〕

【解 答】

【第1問】

番号	問1	問2	問3
正解	1	3	3
配点	3点	4点	3点

【第2問】

番号	問4	問5	問6
正解	1	2	3
配点	3点	3点	4点

【第3問】

番号	問7	問8	問9
正解	3	1	1
配点	3点	3点	4点

【第4問】

番号	問10	問11	問12
正解	3	2	2
配点	3点	3点	4点

【第5問】

番号	問13	問14	問15
正解	3	3	2
配点	3点	4点	3点

【第1問】

《問1》　（正解）　1

1) ○

2) ×　Aさんに係る医療費の一部負担金の割合は、入院・外来を問わず、実際にかかった費用の3割である。

3) ×　Aさんが病気やケガによる療養のために、連続4日以上、業務に就くことができず、当該期間について事業主から報酬が支払われない場合は、所定の手続により、傷病手当金が療養を開始した日から通算して1年6ヵ月を限度として支給される。

《問2》　（正解）　3

> 「現時点においてAさんが死亡した場合、妻Bさんに対して遺族厚生年金と遺族基礎年金が支給されます。
>
> 遺族厚生年金の額は、原則として、Aさんの厚生年金保険の被保険者記録を基礎として計算した老齢厚生年金の報酬比例部分の額の(4分の3)に相当する額になります。ただし、その計算の基礎となる被保険者期間の月数が(300月)に満たないときは、300月とみなして年金額が計算されます。
>
> また、長男Cさんの(18歳)到達年度の末日が終了すると、妻Bさんの有する遺族基礎年金の受給権は消滅します。その後、妻Bさんが65歳に達するまでの間、妻Bさんに支給される遺族厚生年金の額に中高齢寡婦加算が加算されます」

よって、3)の選択肢が正解となる。

《問3》　（正解）　3

子のある配偶者に支給される遺族基礎年金の年金額は、基本年金額である816,000円に子の加算額を加算した金額となる。子の加算額は、2人目までは各1人につき234,800円、3人目以降は各1人につき78,300円となる。

妻Bさんの子は長男Cさん1人であるため、遺族基礎年金の年金額は次のとおりとなる。

816,000円＋234,800円＝1,050,800円

よって、3)の選択肢が正解となる。

【第2問】

《問4》 （正解）　1

「国内上場株式の売買注文方法の1つに、価格をあらかじめ指定して注文をする(指値)注文があります。同一銘柄に対して、指値による買付注文が複数ある場合、価格の(高い)注文から先に買付が成立します。また、指値注文による買付において、指定した価格よりも低い価格で買付が成立すること(があります)」

よって、1)の選択肢が正解となる。

《問5》 （正解）　2

1)　×　X社は、主な原材料を海外から輸入しているため、一般に、円安の進行は株価にとって悪材料となると考えられる。

2)　○

3)　×　たとえ過去の業績が良くても、今後の株価が必ず上昇するとは限らない。

《問6》 （正解）　3

1)　○　PER（株価収益率）　540円÷(60億円÷2億株)＝18倍

2)　○　PBR（株価純資産倍率）　540円÷(800億円÷2億株)＝1.35倍

3)　×　ROE（自己資本利益率）　(60億円÷800億円)×100＝7.5%

【第3問】

《問7》　（正解）　3

i) 給与所得者の給与から源泉徴収された所得税は、勤務先で行う年末調整によって精算されるため、その年分の所得が1カ所のみからの給与所得だけであれば、原則として、給与所得者は、所得税の確定申告が不要である。しかし、その年分の給与収入の金額が(2,000万円)を超える給与所得者は、年末調整の対象_{空欄①}とならないため、所得税の確定申告をしなければならない。

ii) Aさんの本年分の給与収入は2,000万円を超えていないが、給与所得および退職所得以外の所得金額が(20万円)を超えている場合には確定申告が必要であり、_{空欄②}Aさんの場合は給与所得および退職所得以外の所得金額が20万円を超えているため、所得税の確定申告をしなければならない。本年分の所得税の確定申告書の提出期限は、原則として翌年(3月15日)である。_{空欄③}

よって、3)の選択肢が正解となる。

《問8》　（正解）　1

1) ×　Aさん本人が歯科治療を受け、その治療費を本年1月に支払っている場合、その治療が前年中に終わっていても、本年分の医療費控除の対象となる。

2) ○

3) ○

《問9》　（正解）　1

Aさんの本年分の総所得金額は、次のとおり求める。
① 給与所得の金額　800万円 － (800万円×10％ + 110万円) = 610万円
② 不動産所得の金額　120万円 － 40万円 = 80万円
③ 総所得金額　① + ② = 690万円

よって、1)の選択肢が正解となる。

【第4問】

《問10》（正解）__3__

　《設例》にある計画建物の配置どおりに甲土地上に賃貸アパートを建築する場合、賃貸アパートの建物やその敷地の全部について(第一種低層住居専用地域)(空欄①)の用途制限が適用される。また、防火規制に関しては、原則として、賃貸アパートの建物の全部について(防火地域)(空欄②)内の建築物に関する規定が適用される。仮に、建築する賃貸アパートを耐火建築物とした場合、防火地域内の建築物に関する規定が適用されるため、建蔽率の上限は(10%)(空欄③)加算される。

　よって、3)の選択肢が正解となる。

《問11》（正解）__2__

1) ○

2) ×　Aさんは、登記所(法務局)への申請により甲土地の所有権移転登記を受けることができる。

3) ○

《問12》（正解）__2__

　Aさんが甲土地上に賃貸アパートを建築する場合における最大延べ面積は、次のとおりとなる。

225㎡(15m×15m)×100%$^{※1}$ + 150㎡(15m×10m)×100%$^{※2}$ = 375㎡

※1　第一種低層住居専用地域　100%＜4m×4/10＝160%　∴100%

※2　第二種低層住居専用地域　100%＜4m×4/10＝160%　∴100%

よって、2)の選択肢が正解となる。

【第5問】

《問13》（正解）　3

　　1)　○

　　2)　○

　　3)　×　相続税の申告をする場合、原則として、相続の開始があったことを知った日
　　　　　の翌日から10ヵ月以内に、相続税の申告書を提出しなければならない。

《問14》（正解）　3

　　Aさんの相続における遺産に係る基礎控除額は、次のとおりである。

　　〈遺産に係る基礎控除額〉

　　3,000万円＋600万円×3（法定相続人の数※）＝4,800万円

　　※　相続放棄している「長女C」を法定相続人の数に含める点に留意すること。

　　よって、3)の選択肢が正解となる。

《問15》（正解）　2

　　Aさんの相続における相続税の課税価格の計算において、賃貸アパートの敷地は
　　（貸家建付地）空欄①として評価され、その相続税評価額は、「（自用地としての相続税評価額）空欄②×
　　（1－借地権割合×借家権割合×賃貸割合）」で計算される。なお、相続税評価額の計算
　　に用いられる借家権割合は、全国一律で（30％）空欄③とされている。

　　よって、2)の選択肢が正解となる。

〈実技編〉

ファイナンシャル・プランニング技能検定・実技試験

3級 保険顧客 資産相談業務

（金融財政事情研究会）

第1回

問　題

【第1問】 次の設例に基づいて、下記の各問(《問1》~《問3》)に答えなさい。

――――――――――――《設 例》――――――――――――

　会社員のAさん(50歳)は、妻Bさん(50歳)、長男Cさん(19歳)および長女Dさん(15歳)との4人暮らしである。

　Aさんは、今年4月に長男Cさんが大学に入学したことを機に、生命保険の見直しを考えている。Aさんは、その前提として、自分が死亡した場合に公的年金制度から遺族給付がどのくらい支給されるのかを知りたいと思っている。また、健康保険の保険給付についても確認したいと考えている。

　そこで、Aさんは、懇意にしているファイナンシャル・プランナーのMさんに相談することにした。Aさんの家族構成等は、以下のとおりである。

＜Aさんの家族構成＞
　Aさん　　　：1974年6月12日生まれ
　　　　　　　　会社員(厚生年金保険・全国健康保険協会管掌健康保険に加入)
　妻Bさん　　：1974年5月16日生まれ
　　　　　　　　国民年金に第3号被保険者として加入している。
　長男Cさん　：2005年9月5日生まれ
　長女Dさん　：2009年4月22日生まれ

＜公的年金加入歴(2024年8月分まで)＞

	20歳	22歳		50歳
Aさん	国民年金 (未加入34月)	厚 生 年 金 保 険 (329月)		

	18歳	27歳(Aさんと結婚)		50歳
妻Bさん	厚 生 年 金 保 険 (102月)	国 民 年 金 (275月)		

　※　妻Bさんは、現在および将来においても、Aさんと同居し、生計維持関係にあるものとする。また、就業の予定はないものとする。

　※　家族全員、Aさんと同一の世帯に属し、Aさんの健康保険の被扶養者である。

　※　家族全員、現在および将来においても、公的年金制度における障害等級に該当する障害の状態にないものとする。

　※　上記以外の条件は考慮せず、各問に従うこと。

（2017年9月）

《問1》　現時点（2024年9月10日）においてAさんが死亡した場合、妻Bさんに支給される遺族基礎年金の年金額（年額）を算出する計算式は、次のうちどれか。なお、遺族基礎年金の年金額は、2024年度価額に基づいて計算することとする。

1）　816,000円 + 234,800円 + 78,300円

2）　816,000円 + 234,800円

3）　816,000円

《問2》　Mさんは、現時点（2024年9月10日）においてAさんが死亡した場合に妻Bさんに支給される遺族厚生年金の金額等について説明した。MさんのAさんに対する説明として、次のうち最も適切なものはどれか。

1）　「妻Bさんに支給される遺族厚生年金の額は、原則として、Aさんの厚生年金保険の被保険者記録を基に計算した老齢厚生年金の報酬比例部分の額に相当する額になります」

2）　「妻Bさんに支給される遺族厚生年金は、その年金額の計算の基礎となる被保険者期間の月数が480月に満たないため、480月として計算した額になります」

3）　「長女Dさんの18歳到達年度の末日が終了し、妻Bさんの有する遺族基礎年金の受給権が消滅したときは、妻Bさんがその後に受給する遺族厚生年金には中高齢寡婦加算が加算されます」

《問3》　Mさんは、健康保険の保険給付についてアドバイスした。MさんのAさんに対するアドバイスとして、次のうち最も不適切なものはどれか。

1)　「Aさんに係る医療費の一部負担金の割合は、入院・外来を問わず、原則3割となります」

2)　「同一月に、同一医療機関等の窓口で支払った医療費の一部負担金等の額が自己負担限度額を超える場合は、所定の手続により、自己負担限度額を超えた額が高額療養費として支給されます」

3)　「Aさんが私傷病による療養のために、連続4日以上、業務に就くことができず、当該期間について事業主から報酬が支払われない場合は、所定の手続により、1日につき標準報酬日額の4分の3に相当する額が傷病手当金として支給されます」

【第2問】　次の設例に基づいて、下記の各問（《問4》～《問6》）に答えなさい。

―――――――――――《設　例》――――――――――――

　会社員のAさん（35歳）は、妻Bさん（30歳）と長男Cさん（0歳）との3人家族である。現在、Aさんは、職場に来ている生命保険会社の担当者から生命保険の提案を受けており、加入するかどうか悩んでいる。

　そこで、Aさんは、知り合いであるファイナンシャル・プランナーのMさんに相談することにした。Aさんが提案を受けている生命保険の内容は、以下のとおりである。

＜Aさんの相談内容＞
・提案を受けている生命保険の保障内容について教えてほしい。
・提案を受けている生命保険の保険料に係る生命保険料控除について知りたい。
・提案を受けている生命保険以外の生命保険商品や生命保険に加入する際の留意点についてアドバイスしてほしい。

＜Aさんが提案を受けている生命保険の内容＞
　保険の種類　　　　　　　　　　：定期保険特約付終身保険
　契約者（＝保険料負担者）・被保険者：Aさん
　死亡保険金受取人　　　　　　　：妻Bさん

主契約および 付加されている特約の内容	保障金額	払込・保険期間
終身保険	100万円	65歳・終身
定期保険特約	2,600万円	10年
特定疾病保障定期保険特約	300万円	10年
傷害特約	500万円	10年
災害割増特約	500万円	10年
入院特約	1日目から日額5,000円	10年
先進医療特約	1,000万円	10年
リビング・ニーズ特約	――	――

※　上記以外の条件は考慮せず、各問に従うこと。

（2014年1月）

《問4》 はじめに、Mさんは、Aさんが提案を受けている生命保険の保障内容について説明した。Mさんが、Aさんに対して説明した以下の文章の空欄①～③に入る語句の組合せとして、次のうち最も適切なものはどれか。なお、問題の性質上、明らかにできない部分は「□□□」で示してある。

ⅰ）仮に、Aさんが保険期間中に病気により亡くなった場合、妻Bさんに支払われる死亡保険金の額は、□□□万円です。一方、Aさんが不慮の事故で180日以内に亡くなった場合、妻Bさんに支払われる死亡保険金の額は、（ ① ）となります。

ⅱ）先進医療特約の支払対象となる先進医療の種類は、（ ② ）現在において、公的医療保険制度の給付対象となっていない先進的な医療技術のうち、厚生労働大臣が定めるものとなっています。なお、先進医療ごとに厚生労働大臣が定める施設基準に適合する病院または診療所において行われるものに限られます。

ⅲ）仮に、Aさんが余命（ ③ ）以内と判断された場合、リビング・ニーズ特約により、対象となる死亡保険金額の範囲内で特約に基づく保険金を生前に受け取ることができます。

---

1) ① 3,500万円　② 契約日　③ 6ヵ月
2) ① 3,700万円　② 契約日　③ 1年
3) ① 4,000万円　② 療養を受けた日　③ 6ヵ月

《問5》 次に、Mさんは、Aさんが提案を受けている生命保険の保険料に係る生命保険料控除について説明した。Mさんの、Aさんに対する説明として、次のうち最も適切なものはどれか。

1) 「生命保険料控除は、一般の生命保険料控除、介護医療保険料控除、個人年金保険料控除からなり、所得税の場合、各控除額の上限は5万円、各控除額の合計額の上限は15万円となっています」

2) 「Aさんが提案を受けている生命保険について、終身保険、定期保険特約、特定疾病保障定期保険特約の保険料は、一般の生命保険料控除として生命保険料控除の対象となります」

3) 「Aさんが提案を受けている生命保険について、傷害特約、災害割増特約、入院特約、先進医療特約の保険料は、介護医療保険料控除として生命保険料控除の対象となります」

《問6》 最後に、Mさんは、Aさんが提案を受けている生命保険以外の生命保険商品や生命保険に加入する際の留意点について説明した。Mさんの、Aさんに対する説明として、次のうち最も適切なものはどれか。

1) 「長男Cさんの教育資金を準備するための保険として、学資（こども）保険があります。この保険は、保険期間満了時に満期祝金が支払われ、万一、Aさんが保険期間中に亡くなられた場合は既払込保険料相当額の死亡給付金が支払われます」

2) 「妻Bさんの入院保障を準備するための保険として、終身医療保険があります。この保険は、病気やケガによる入院や所定の手術を受けた場合の保障が一生涯続き、保障内容を変更しなければ、主契約の保険料は保険期間の途中で上がることはありません」

3) 「保険契約の締結後に交付される『契約概要』や『注意喚起情報』は必ずお読みください。これらは、消費者契約法により生命保険募集人に契約者に対して交付が義務付けられている書面で、保障内容や解約返戻金の有無などの重要事項が記載されています」

《設 例》

　Aさん(41歳)は、X株式会社(以下、「X社」という)の創業社長である。Aさんは、現在、自身の退職金準備を目的とする生命保険への加入を検討している。

　そこで、Aさんは、生命保険会社の営業担当者であるMさんに相談したところ、下記<資料>の生命保険の提案を受けた。

<資料>　Mさんが提案した生命保険の内容

保険の種類：無配当終身保険(特約付加なし)	
契約形態　：契約者(=保険料負担者)・死亡保険金受取人=X社	
被保険者=Aさん	
保険金額	：5,000万円
保険料払込期間	：65歳満了
年払保険料	：200万円
払込保険料累計額(①)	：4,800万円
保険料払込満了時の解約返戻金額(②)	：4,330万円
受取率(②÷①)	：90.2%(小数点第2位以下切捨て)
解約返戻金額の80%の範囲内で、契約者貸付制度を利用することができる。	

※　上記以外の条件は考慮せず、各問に従うこと。

(2019年5月)

《問7》 仮に、将来X社がAさんに役員退職金5,000万円を支給した場合、Aさんが受け取る役員退職金に係る退職所得の金額として、次のうち最も適切なものはどれか。なお、Aさんの役員在任期間(勤続年数)を40年とし、これ以外に退職手当等の収入はなく、障害者になったことが退職の直接の原因ではないものとする。

1) 1,400万円
2) 1,600万円
3) 2,800万円

《問8》 《設例》の無配当終身保険の第1回保険料払込時の経理処理（仕訳）として、次の
　　　　うち最も適切なものはどれか。

1)

借　　　方		貸　　　方	
定 期 保 険 料	200万円	現 金 ・ 預 金	200万円

2)

借　　　方		貸　　　方	
保 険 料 積 立 金	200万円	現 金 ・ 預 金	200万円

3)

借　　　方		貸　　　方	
定 期 保 険 料	100万円	現 金 ・ 預 金	200万円
前 払 保 険 料	100万円		

《問9》 Mさんは《設例》の無配当終身保険について説明した。MさんのAさんに対する説
　　　　明として、次のうち最も不適切なものはどれか。

1) 「保険料払込満了時に当該終身保険を解約した場合、X社はそれまで資産計上して
いた保険料積立金を取り崩し、解約返戻金額との差額を雑損失として経理処理しま
す」

2) 「X社が保険期間中に資金を必要とした際に、契約者貸付制度を利用することで、
当該保険契約を解約することなく、無利息で資金を調達することができます」

3) 「Aさんの退任時に、役員退職金の一部として当該終身保険の契約者をAさん、死亡
保険金受取人をAさんの相続人に名義変更することで、当該終身保険を個人の保険と
して継続することが可能です」

【第4問】 次の設例に基づいて、下記の各問(《問10》~《問12》)に答えなさい。

《設 例》

　会社員のAさんは、妻Bさん、長男Cさんおよび長女Dさんとの4人家族である。Aさんは、住宅ローンを利用して本年6月に新築の戸建住宅(認定住宅等に該当しない)を取得し、同月中に入居した。また、Aさんは、本年4月に、加入していた一時払変額個人年金保険の解約返戻金を受け取った。

　なお、Aさんは、老後の生活資金を準備するため、確定拠出年金の個人型年金に加入し、掛金を支払っている。

　Aさんの本年分の収入等に関する資料等は、以下のとおりである。

＜Aさんの家族構成＞
　Aさん　　　　(42歳)：会社員
　妻Bさん　　　(40歳)：本年中に、パートにより給与収入120万円を得ている。
　長男Cさん　(17歳)：高校生。本年中の収入はない。
　長女Dさん　(15歳)：中学生。本年中の収入はない。

＜Aさんの本年分の給与所得の金額に関する資料＞
　給与所得の金額：650万円

＜Aさんが本年4月に解約した一時払変額個人年金保険に関する資料＞
　保険の種類　　　　　　：一時払変額個人年金保険
　契約年月日　　　　　　：本年より11年前の8月1日
　契約者(＝保険料負担者)：Aさん
　解約返戻金額　　　　　：600万円
　正味払込保険料　　　　：500万円

＜Aさんが利用した住宅ローンに関する資料＞
　借入年月日　　　　　　：本年6月1日
　本年12月末の借入金残高：3,800万円
　※　住宅借入金等特別控除の適用要件は、すべて満たしているものとする。

＜Aさんが本年中に支払った確定拠出年金の個人型年金の掛金に関する資料＞
　掛金総額：12万円

※　妻Bさん、長男Cさんおよび長女Dさんは、Aさんと同居し、生計を一にしている。
※　家族は、いずれも障害者および特別障害者には該当しない。
※　家族の年齢は、いずれも本年12月31日現在のものである。
※　上記以外の条件は考慮せず、各問に従うこと。

(2014年9月)

《問10》 Aさんの本年分の所得税における所得控除に関する以下の文章の空欄①～③に入る語句の組合せとして、次のうち最も適切なものはどれか。

ⅰ）Aさんが支払った確定拠出年金の個人型年金の掛金は、全額が（　①　）の対象となる。

ⅱ）妻Bさんの給与収入は120万円であるため、Aさんは、妻Bさんに係る（　②　）の適用を受けることができる。

ⅲ）Aさんが適用を受けることができる扶養控除の控除額は、（　③　）である。

---

1)　①　小規模企業共済等掛金控除　　②　配偶者特別控除　　③　38万円
2)　①　小規模企業共済等掛金控除　　②　配偶者控除　　　　③　63万円
3)　①　社会保険料控除　　　　　　　②　配偶者特別控除　　③　76万円

《問11》 Aさんの本年分の所得税における総所得金額は、次のうちどれか。

1)　650万円
2)　675万円
3)　700万円

《問12》 Aさんに係る所得税における住宅借入金等特別控除（以下、「本控除」という）に関する次の記述のうち、最も適切なものはどれか。

1)　Aさんは、必要な書類を勤務先に提出することにより、本年分の所得税において、年末調整により本控除の適用を受けることができる。
2)　Aさんが本控除の適用を受けるためには、借入金の償還期間が15年以上である必要がある。
3)　Aさんが本控除の適用を受けた場合の各年分の控除額の計算上、住宅借入金の年末残高等に乗じる控除率は、0.7%である。

【第5問】　次の設例に基づいて、下記の各問(《問13》〜《問15》)に答えなさい。

《設　例》

　国内に住所を有するAさんは、本年5月に病気により70歳で死亡した。Aさんの相続人は妻Bさん(70歳)、長女Cさん(50歳)および養子Dさん(48歳)の3人である。長女Cさんと養子Dさんは、Aさんが加入していた生命保険からそれぞれ死亡保険金を受け取っている。

　Aさんの親族関係図およびAさんが加入していた生命保険の契約内容は、以下のとおりである。なお、養子Dさんは、被相続人Aさんの普通養子である。

<Aさんの親族関係図>

<Aさんが加入していた生命保険の契約内容>
①　終身保険
　　契約者(＝保険料負担者)・被保険者：Aさん
　　死亡保険金受取人　　　　　　　　　：長女Cさん
　　死亡保険金額　　　　　　　　　　　：1,000万円
②　終身保険
　　契約者(＝保険料負担者)・被保険者：Aさん
　　死亡保険金受取人　　　　　　　　　：養子Dさん
　　死亡保険金額　　　　　　　　　　　：1,500万円

※　上記以外の条件は考慮せず、各問に従うこと。

（2014年5月）

《問13》 Aさんの相続に係る相続税の申告および相続税額の計算に関する以下の文章の空欄①～③に入る語句の組合せとして、次のうち最も適切なものはどれか。

> Aさんから相続または遺贈により財産を取得したすべての者に係る相続税の課税価格の合計額が遺産に係る基礎控除額を超える場合において、納付すべき相続税額が算出される者は、原則として、その相続の開始があったことを知った日の翌日から（　①　）以内に、相続税の申告書を（　②　）の住所地を管轄する税務署長に提出することとされている。
> Aさんの相続における遺産に係る基礎控除額は、（　③　）である。

1)　①　10ヵ月　　②　Aさん　　　　③　4,800万円
2)　①　10ヵ月　　②　各相続人　　③　4,200万円
3)　①　6ヵ月　　②　Aさん　　　　③　8,000万円

《問14》 Aさんの相続に係る相続税額の計算上、長女Cさんと養子Dさんが受け取った死亡保険金からそれぞれ控除することができる非課税金額の組合せとして、次のうち最も適切なものはどれか。

1)　長女Cさん：1,000万円　　養子Dさん：0(ゼロ)
2)　長女Cさん：500万円　　養子Dさん：500万円
3)　長女Cさん：600万円　　養子Dさん：900万円

《問15》 Aさんの相続に係る課税遺産総額（「課税価格の合計額－遺産に係る基礎控除額」）が2億1,000万円であった場合の相続税の総額は、次のうちどれか。

1) 4,200万円
2) 4,250万円
3) 6,700万円

＜相続税の速算表（一部抜粋）＞

法定相続分に応ずる取得金額		税率	控除額
万円超	万円以下		
～	1,000	10%	―
1,000 ～	3,000	15%	50万円
3,000 ～	5,000	20%	200万円
5,000 ～	10,000	30%	700万円
10,000 ～	20,000	40%	1,700万円

〈実技編〉

ファイナンシャル・プランニング技能検定・実技試験

3級 保険顧客 資産相談業務

（金融財政事情研究会）

第1回

解答・解説

〔50点満点〕

【解　答】

【第1問】

番号	問1	問2	問3
正解	2	3	3
配点	3点	3点	4点

【第2問】

番号	問4	問5	問6
正解	3	2	2
配点	4点	3点	3点

【第3問】

番号	問7	問8	問9
正解	1	2	2
配点	3点	3点	4点

【第4問】

番号	問10	問11	問12
正解	1	2	3
配点	3点	4点	3点

【第5問】

番号	問13	問14	問15
正解	1	3	2
配点	3点	3点	4点

【第1問】

《問1》 （正解） 2

　　受給権者によって生計を維持していた次に掲げる子がいる場合には、遺族基礎年金
に子の加算額が付加されて支給される。
　　・18歳に達する日以後の最初の3月31日までの間にある子（高校卒業までの子）
　　・20歳未満で障害等級が1級または2級の障害状態にある子
　　Aさんが死亡した2024年9月10日において、長男Cさんは19歳、長女Dさんは15歳
（いずれも障害の状態にない）であるため、長女Dさんのみが加算の対象となる。
　　なお、子の加算額は、2人目までは各1人につき234,800円、3人目以降は各1人につ
き78,300円であるため、この加算額を含めた遺族基礎年金額は、次の金額となる。
　　816,000円 + 234,800円 = 1,050,800円
　　よって、2)の選択肢が正解となる。

《問2》 （正解） 3

1)　×　妻Bさんに支給される遺族厚生年金の額は、原則として、Aさんの厚生年金
　　　　保険の被保険者記録を基に計算した老齢厚生年金の報酬比例部分の額の4分の3
　　　　に相当する額になる。
2)　×　妻Bさんに支給される遺族厚生年金は、Aさんの厚生年金の被保険者期間で
　　　　ある329月を基に計算した金額となる。なお、被保険者期間の月数が300月に満
　　　　たない場合には、300月として計算した金額となる。
3)　○

《問3》 （正解） 3

1)　○
2)　○
3)　×　Aさんが私傷病による療養のために、連続4日以上、業務に就くことができ
　　　　ず、当該期間について事業主から報酬が支払われない場合は、所定の手続によ
　　　　り、1日につき支払開始日以前12ヵ月の各標準報酬月額の平均額を30で除した
　　　　額の3分の2に相当する額が傷病手当金として支給される。

【第2問】

《問4》 （正解）　3

i) 仮に、Aさんが保険期間中に病気により亡くなった場合、妻Bさんに支払われる
死亡保険金の額は、□□□万円である。一方、Aさんが不慮の事故で180日以内に
亡くなった場合、妻Bさんに支払われる死亡保険金の額は、(4,000万円)となる。^{空欄①}

※内訳は、終身保険100万円、定期保険特約2,600万円、特定疾病保障定期保険特約
300万円、傷害特約500万円、災害割増特約500万円である。

ii) 先進医療特約の支払対象となる先進医療の種類は、(療養を受けた日)現在におい^{空欄②}
て、公的医療保険制度の給付対象となっていない先進的な医療技術のうち、厚生労
働大臣が定めるものとなっている。なお、先進医療ごとに厚生労働大臣が定める施
設基準に適合する病院または診療所において行われるものに限られる。

iii) 仮に、Aさんが余命(6ヵ月)以内と判断された場合、リビング・ニーズ特約によ^{空欄③}
り、対象となる死亡保険金額の範囲内で特約に基づく保険金を生前に受け取ること
ができる。

よって、3)の選択肢が正解となる。

《問5》 （正解）　2

1) ×　生命保険料控除は、一般の生命保険料控除、介護医療保険料控除及び個人年
金保険料控除の3つからなり、所得税の場合、各控除額の上限は4万円、各控除
額の合計額の上限は12万円となっている。

2) ○　死亡保障重視の保険である終身保険、定期保険特約、特定疾病保障定期保険
特約の保険料は、一般の生命保険料控除として生命保険料控除の対象となる。

3) ×　入院特約及び先進医療特約の保険料は、介護医療保険料控除として生命保険
料控除の対象となるが、傷害特約及び災害割増特約の保険料は、生命保険料控
除の対象とならない。

《問6》 （正解）　2

1) ×　学資(こども)保険は、万一、契約者であるAさんが保険期間中に死亡した場
合には、それ以降の保険料の支払いは免除され、契約はその後も継続し、保険
期間満了時には満期保険金が支払われ、節目節目で祝金が支払われる。

2) ○　終身医療保険は、一定の保障が一生涯続き、主契約の保険料が変更されるこ
とはない。

3) ×　保障内容や解約返戻金の有無などの重要事項が記載されている重要事項説明
書(契約概要及び注意喚起情報)は、保険契約の締結後ではなく、保険契約の締
結前に交付することが義務付けられている。

保険顧客資産相談業務（第1回）

【第3問】

《問7》 （正解）　1

　　＜退職所得控除額＞

　　　800万円＋70万円×（40年－20年）＝2,200万円

　　＜退職所得の金額＞

　　　$(5,000万円－2,200万円)×\frac{1}{2}＝1,400万円$

　　よって、1)の選択肢が正解となる。

《問8》 （正解）　2

　　終身保険において、死亡保険金を法人が受取る場合は、保険料の全額を保険料積立金として資産に計上する。そのため、第1回保険料払込時の経理処理(仕訳)は、次のとおりとなる。

借　　　方	貸　　　方
保険料積立金　　　　　　年払保険料 　　　　　　　　　　　200万円	現　金　・　預　金　　　200万円

　　よって、2)の選択肢が正解となる。

《問9》 （正解）　2

　1)　○

　2)　×　X社が保険期間中に資金を必要とした際に、契約者貸付制度を利用することで、当該保険契約を解約することなく、資金を調達することができるが、契約者貸付制度により調達した資金は保険会社からの借入金であるため、借入金額・借入期間に応じて利息が発生する。

　3)　○

【第4問】

《問10》（正解）　1

ⅰ）Aさんが支払った確定拠出年金の個人型年金の掛金は、全額が
（^{空欄①}小規模企業共済等掛金控除）の対象となる。

ⅱ）妻Bさんの給与収入は120万円であるため、Aさんは、妻Bさんに係る
（^{空欄②}配偶者特別控除）の適用を受けることができる。

> ※　Aさんの合計所得金額は1,000万円以下（問11の解説参照）であるが、妻Bさんの合計所得金額は48万円を超えている（65万円＝120万円－55万円）ため、配偶者控除の適用を受けることができない。しかし、妻Bさんの合計所得金額が133万円以下であるため、配偶者特別控除の適用を受けることができる。

ⅲ）Aさんが適用を受けることができる扶養控除の控除額は、長男Cさん（合計所得金額48万円以下、16歳以上19歳未満）に係る（^{空欄③}38万円）である。

よって、1)の選択肢が正解となる。

《問11》（正解）　2

Aさんの本年分の総所得金額は、次のとおり計算する。

$$\underset{\text{給与所得の金額}}{650万円} + \underset{\text{一時所得の金額※1}}{50万円} \times \overset{\text{※2}}{\frac{1}{2}} = 675万円$$

※1　$\underset{\text{解約返戻金額}}{600万円} - \underset{\text{正味払込保険料}}{500万円} - \underset{\text{特別控除}}{50万円} = 50万円$

※2　一時所得の金額は、総所得金額に算入する際、$\frac{1}{2}$に減額する点に留意すること。

よって、2)の選択肢が正解となる。

《問12》（正解）　3

1)　×　Aさん（給与所得者）が本控除の適用を受ける場合、最初の年は確定申告が必要となり、2年目以降は、必要な書類を勤務先に提出することにより、年末調整により本控除の適用を受けることができる。

2)　×　Aさんが本控除の適用を受けるためには、借入金の償還期間が10年以上である必要がある。

3)　○

【第5問】

《問13》（正解）＿＿1＿＿

　　Aさんから相続または遺贈により財産を取得したすべての者に係る相続税の課税価格の合計額が遺産に係る基礎控除額を超える場合において、納付すべき相続税額が算出される者は、原則として、その相続の開始があったことを知った日の翌日から（10ヵ月）以内に、相続税の申告書を（Aさん）の住所地を管轄する税務署長に提出することとされている。

　　Aさんの相続における遺産に係る基礎控除額は、（4,800万円）である。

　　※　遺産に係る基礎控除額

　　　　3,000万円＋600万円×3（法定相続人の数）＝4,800万円

　　　　法定相続人は、妻Bさん、長女Cさん、養子Dさんの3（人）となる。

　　よって、1)の選択肢が正解となる。

《問14》（正解）＿＿3＿＿

　　生命保険金等を受け取った相続人が複数いる場合の非課税金額は、各相続人が受け取った生命保険金等の比率で按分をする。

　　　＜生命保険金等の非課税金額＞

　　　500万円×3（法定相続人の数）＝1,500万円

　　　＜各相続人の非課税金額＞

　　　長女Cさん　　$1,500万円 \times \dfrac{1,000万円}{1,000万円＋1,500万円} = 600万円$

　　　養子Dさん　　$1,500万円 \times \dfrac{1,500万円}{1,000万円＋1,500万円} = 900万円$

　　よって、3)の選択肢が正解となる。

《問15》（正解）　2

　課税遺産総額を2億1,000万円とした場合の相続税の総額は、次のとおりとなる。

① 法定相続分に応じた取得金額

妻Bさん　　　　　　　　　　　2億1,000万円 $\times \dfrac{1}{2} = 1$億500万円

長女Cさん、養子Dさん　　　2億1,000万円 $\times \dfrac{1}{2} \times \dfrac{1}{2} = 5{,}250$万円

② 相続税の総額の基礎となる金額

妻Bさん　　　　　　　　　　　1億500万円 $\times 40\% - 1{,}700$万円 $= 2{,}500$万円

長女Cさん、養子Dさん　　　5,250万円 $\times 30\% - 700$万円 $= 875$万円

③ 相続税の総額

2,500万円 $+$ 875万円 $\times 2$（長女Cさん、養子Dさん）$= 4{,}250$万円

　よって、2）の選択肢が正解となる。

〈実技編〉

ファイナンシャル・プランニング技能検定・実技試験

3級 保険顧客 資産相談業務

（金融財政事情研究会）

第2回

問　題

【第1問】 次の設例に基づいて、下記の各問（《問1》～《問3》）に答えなさい。

《設 例》

個人事業主のAさん（47歳）は、最近、老後の生活資金の準備について検討を始めたいと考えており、その前提として、自分の公的年金がどのくらい支給されるのか、知りたいと思うようになった。そこで、Aさんは、ファイナンシャル・プランナーのMさんに相談することにした。

＜Aさんに関する資料＞
・1977年4月14日生まれ
・公的年金の加入歴（見込み期間を含む）

2024年
9月

国 民 年 金		
保険料未納期間	保険料納付済期間	保険料納付予定期間
36月	281月	163月
（20歳）	（47歳）	（60歳）

※ 上記以外の条件は考慮せず、各問に従うこと。

（2019年9月）

《問1》 はじめに、Mさんは、《設例》の＜Aさんに関する資料＞に基づき、Aさんが老齢基礎年金の受給を65歳から開始した場合の年金額を試算した。Mさんが試算した老齢基礎年金の年金額の計算式として、次のうち最も適切なものはどれか。なお、老齢基礎年金の年金額は、2024年度価額に基づいて計算するものとする。

1) $816{,}000円 \times \dfrac{444月}{480月}$

2) $816{,}000円 \times \dfrac{444月 + 36月 \times \dfrac{1}{2}}{480月}$

3) $816{,}000円 \times \dfrac{444月 + 36月 \times \dfrac{1}{3}}{480月}$

《問2》 次に、Mさんは、国民年金基金について説明した。Mさんが、Aさんに対して説明した以下の文章の空欄①～③に入る語句または数値の組合せとして、次のうち最も適切なものはどれか。

「国民年金基金は、国民年金の第1号被保険者を対象に老齢基礎年金に上乗せする年金を支給する任意加入の年金制度です。国民年金基金への加入は口数制となっており、1口目は、保証期間のある終身年金A型、保証期間のない終身年金B型の2種類のなかから選択し、（　①　）歳から支給が開始されます。2口目以降は、終身年金のA型、B型および確定年金のⅠ型、Ⅱ型、Ⅲ型、Ⅳ型、Ⅴ型のなかから選択することができます。国民年金基金に拠出することができる掛金の限度額は、月額（　②　）円となっており、支払った掛金は（　③　）控除として所得控除の対象となります」

---

1) ① 65　② 68,000　③ 社会保険料
2) ① 60　② 70,000　③ 社会保険料
3) ① 65　② 70,000　③ 小規模企業共済等掛金

《問3》 最後に、Mさんは、国民年金の付加保険料について説明した。MさんのAさんに対する説明として、次のうち最も不適切なものはどれか。

1) 「国民年金の定額保険料に加えて、月額400円の付加保険料を納付した場合、老齢基礎年金の受給時に付加年金を受給することができます」
2) 「仮に、Aさんが付加保険料を120月納付し、65歳から老齢基礎年金を受け取る場合、老齢基礎年金の額に付加年金として48,000円が上乗せされます」
3) 「Aさんが国民年金基金に加入した場合、Aさんは国民年金の付加保険料を納付することはできません」

---《設 例》---

会社員のAさん(40歳)は、専業主婦である妻Bさん(30歳)と長男Cさん(3歳)との3人家族である。Aさんは、現在加入している生命保険の各種特約がもうすぐ更新時期を迎えるため、保障内容を再確認したいと思っている。また、老後の生活資金の準備として、個人年金保険の加入を検討している。

そこで、Aさんは、友人であるDさんから紹介されたファイナンシャル・プランナーのMさんに相談することにした。Aさんが現在加入している生命保険の契約内容は、以下のとおりである。

<Aさんの相談内容>
・現在加入している生命保険の保障内容について再確認したい。
・個人年金保険の商品性について教えてほしい。
・生命保険の見直し等についてアドバイスしてほしい。

<Aさんが現在加入している生命保険の契約内容>
保険の種類   ：定期保険特約付終身保険
契約年月日   ：20XX年12月1日
契約者(＝保険料負担者)・被保険者：Aさん
死亡保険金受取人   ：妻Bさん

主契約および 付加されている特約の内容	保障金額	払込・保険期間
終身保険	100万円	65歳・終身
定期保険特約	2,600万円	10年
特定疾病保障定期保険特約	300万円	10年
傷害特約	500万円	10年
災害割増特約	500万円	10年
疾病入院特約	1日目から日額5,000円	10年
災害入院特約	1日目から日額5,000円	10年
リビング・ニーズ特約	—	—

※ 上記以外の条件は考慮せず、各問に従うこと。

(2014年9月)

《問4》 はじめに、Mさんは、Aさんが現在加入している生命保険の保障内容について説明した。Mさんが、Aさんに対して説明した以下の文章の空欄①～③に入る語句の組合せとして、次のうち最も適切なものはどれか。

> ⅰ）仮に、Aさんが、がん、急性心筋梗塞、（ ① ）により所定の状態となった場合、特定疾病保障定期保険特約から特定疾病保険金を受け取ることができます。
>
> ⅱ）仮に、Aさんが余命（ ② ）以内と判断された場合、リビング・ニーズ特約により、対象となる死亡保険金額の範囲内で特約に基づく保険金を生前に受け取ることができます。
>
> ⅲ）仮に、現時点でAさんが不慮の事故により亡くなった場合、妻Bさんが受け取ることができる死亡保険金の額は、（ ③ ）となります。

1) ① 脳卒中 ② 6ヵ月 ③ 4,000万円
2) ① 脳卒中 ② 12ヵ月 ③ 3,700万円
3) ① 糖尿病 ② 6ヵ月 ③ 3,200万円

《問5》 次に、Mさんは、個人年金保険の一般的な商品性について説明した。Mさんの、Aさんに対する説明として、次のうち最も適切なものはどれか。

1) 「定額個人年金保険の契約時に選択した年金の種類や受取方法は、被保険者の死亡などのやむを得ない事情がある場合を除き、変更することはできません」
2) 「変額個人年金保険は、払い込んだ保険料が特別勘定で運用され、その運用実績によって将来受け取ることができる年金額が変動します」
3) 「個人年金保険料税制適格特約が付加されている個人年金保険に医療保険特約を付加した場合、主契約の保険料だけでなく、その特約部分の保険料も、個人年金保険に係る生命保険料控除（個人年金保険料控除）の対象となります」

《問6》　最後に、Mさんは、生命保険の見直し等についてアドバイスした。Mさんの、Aさんに対するアドバイスとして、次のうち最も不適切なものはどれか。

1)　「私はDさんが現在加入している生命保険の保険証券の写しを預かっています。AさんはDさんの幼なじみと伺っておりますので、Dさんの保険証券の写しを差し上げます。生命保険の見直しを検討する際の参考としてご活用ください」

2)　「Aさんが現在加入している生命保険の各種特約を同一の保障内容で更新した場合、更新後の保険料は更新前よりも高くなります。これを機に、Aさんの必要保障額を改めて試算し、支出可能な保険料の範囲内で保障内容の見直しを検討してはいかがでしょうか」

3)　「長男Cさんの将来の教育資金を準備するための保険として、学資（こども）保険があります。この保険は、契約者が保険料払込期間中に死亡した場合、一般に、以後の保険料の払込みは免除され、学資祝金や満期祝金は契約どおり受け取ることができます」

【第3問】 次の設例に基づいて、下記の各問(《問7》~《問9》)に答えなさい。

------------------------------ 《設 例》 ------------------------------

　Aさん(45歳)は、X株式会社(以下、「X社」という)の創業社長である。Aさんは、先日、生命保険会社の営業担当者から、自身の退職金の準備および事業保障資金の確保を目的とした下記の生命保険の提案を受けた。

　そこで、Aさんは、ファイナンシャル・プランナーのMさんに相談することにした。

<資料>　Aさんが提案を受けた生命保険の内容

保険の種類	：低解約返戻金型終身保険(特約付加なし)
契約者(＝保険料負担者)	：X社
被保険者	：Aさん
死亡保険金受取人	：X社
保険料払込期間	：65歳満了
死亡・高度障害保険金額	：5,000万円
年払保険料	：220万円

※　解約返戻金額の80％の範囲内で、契約者貸付制度を利用することができる。

※　保険料払込期間を「低解約返戻金期間」とし、その期間は解約返戻金額を低解約返戻金型ではない終身保険の70％程度に抑えている。

※　上記以外の条件は考慮せず、各問に従うこと。

(2020年1月)

《問7》　仮に、将来X社がAさんに役員退職金4,000万円を支給した場合、Aさんが受け取る役員退職金に係る退職所得の金額として、次のうち最も適切なものはどれか。なお、Aさんの役員在任期間(勤続年数)を30年とし、これ以外に退職手当等の収入はなく、障害者になったことが退職の直接の原因ではないものとする。

1)　1,200万円
2)　1,250万円
3)　2,500万円

《問8》 Mさんは、《設例》の＜資料＞の終身保険について説明した。MさんのAさんに対する説明として、次のうち最も不適切なものはどれか。

1) 「当該終身保険は、保険料払込期間における解約返戻金額を抑えることで、低解約返戻金型ではない終身保険と比較して保険料が割安となっています」
2) 「Aさんの退任時に、役員退職金の一部として当該終身保険の契約者をAさん、死亡保険金受取人をAさんの相続人に名義変更することで、当該終身保険を個人の保険として継続することが可能です」
3) 「保険期間中に急な資金需要が発生した際、契約者貸付制度を利用することにより、当該終身保険契約を解約することなく、資金を調達することができます。なお、契約者貸付金は、雑収入として益金の額に算入します」

《問9》 《設例》の＜資料＞の終身保険を下記＜条件＞で解約した場合の経理処理（仕訳）として、次のうち最も適切なものはどれか。

＜条件＞
・低解約返戻金期間経過後に解約し、受け取った解約返戻金額は4,600万円である。
・X社が解約時までに支払った保険料の総額は4,400万円である。
・上記以外の条件は考慮しないものとする。

1)

借　　　方		貸　　　方	
現 金 ・ 預 金	4,600万円	保険料積立金	4,400万円
		雑　収　入	200万円

2)

借　　　方		貸　　　方	
現 金 ・ 預 金	4,600万円	前 払 保 険 料	2,200万円
		雑　収　入	2,400万円

3)

借　　　方		貸　　　方	
現 金 ・ 預 金	4,600万円	前 払 保 険 料	2,200万円
		定 期 保 険 料	2,200万円
		雑　収　入	200万円

【第4問】 次の設例に基づいて、下記の各問（《問10》〜《問12》）に答えなさい。

---------------------------------《設 例》---------------------------------

会社員のAさんは、妻Bさんおよび長男Cさんとの3人家族である。Aさんは、来年中に、加入している一時払変額個人年金保険を解約することを検討している。

Aさんの本年分の収入等に関する資料等は、以下のとおりである。なお、「□□□」の部分は、問題の性質上、伏せてある。

<Aさんの家族構成>
Aさん　　　（50歳）：会社員
妻Bさん　　（48歳）：本年中に、パートにより給与収入80万円を得ている。
長男Cさん（20歳）：大学生。本年中に、アルバイトにより給与収入60万円を
　　　　　　　　　　　得ている。

<Aさんの本年分の収入等に関する資料>
給与収入の金額　　　　　　　：800万円
上場株式の譲渡損失の金額：60万円

<Aさんが来年中に解約を検討している生命保険の契約内容>
保険の種類　　　　　　　：一時払変額個人年金保険（年金の種類は□□□）
契約年月　　　　　　　　：20X1年10月
年金支払開始月　　　　　：契約日より10年後
契約者（＝保険料負担者）：Aさん
年金受取人　　　　　　　：Aさん
解約返戻金額　　　　　　：400万円
正味払込保険料　　　　　：300万円

※　妻Bさんおよび長男Cさんは、Aさんと同居し、生計を一にしている。
※　家族は、いずれも障害者および特別障害者には該当しない。
※　家族の年齢は、いずれも本年12月31日現在のものである。

※　上記以外の条件は考慮せず、各問に従うこと。

（2014年5月）

《問10》　Aさんの本年分の所得税における所得控除に関する次の記述のうち、最も適切なものはどれか。

1)　妻Bさんの給与収入が48万円を超えているため、Aさんは、配偶者控除の適用を受けることはできない。
2)　長男Cさんは特定扶養親族に該当するため、Aさんは、扶養控除（控除額63万円）の適用を受けることができる。
3)　Aさんは、合計所得金額が1,000万円を超えているため、基礎控除の適用を受けることはできない。

《問11》　Aさんの本年分の総所得金額は、次のうちどれか。

1)　535万円
2)　550万円
3)　610万円

＜給与所得控除額＞

給与収入金額	給与所得控除額
万円超　　万円以下	
〜　　180	収入金額×40％－10万円〔55万円に満たない場合は、55万円〕
180〜　360	収入金額×30％＋ 8万円
360〜　660	収入金額×20％＋ 44万円
660〜　850	収入金額×10％＋110万円
850	195万円

《問12》 Aさんが現在加入している一時払変額個人年金保険を来年中に《設例》の条件で解約(保険期間の初日から5年以内)した場合の課税関係に関する以下の文章の空欄①~③に入る語句の組合せとして、次のうち最も適切なものはどれか。

> Aさんが現在加入している一時払変額個人年金保険を来年中に解約した場合の解約差益に対する課税関係は、一時払変額個人年金保険の年金種類によって異なる。
>
> 年金種類が確定年金の場合、保険期間の初日から5年以内の解約であるため、いわゆる金融類似商品として、解約差益は20.315%(所得税・復興特別所得税・住民税の合算)の税率による(　①　)の対象となる。
>
> 他方、年金種類が終身年金の場合、解約差益は(　②　)として総合課税の対象となる。

1) ①　源泉分離課税　　②　一時所得
2) ①　申告分離課税　　②　雑所得
3) ①　源泉分離課税　　②　雑所得

【第5問】 次の設例に基づいて、下記の各問(《問13》～《問15》)に答えなさい。

───── 《設 例》 ─────

　Aさん(70歳)は、妻Bさん(66歳)、子Cさん(39歳)およびDさん(36歳)との4人家族である。Aさんは、最近体調が優れず、自身の相続について気になっている。

　Aさんは、CさんとDさんをそれぞれ死亡保険金受取人とする終身保険に加入しており、自身の相続が発生した際の死亡保険金の課税関係について教えてほしいと思っている。

　Aさんの親族関係図およびAさんが現在加入している生命保険の契約内容は、以下のとおりである。なお、Dさんは、Aさんの普通養子である。

<Aさんの親族関係図>

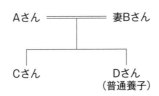

<Aさんが現在加入している生命保険の契約内容>
① 終身保険
　　契約者(=保険料負担者)・被保険者：Aさん
　　死亡保険金受取人　　　　　　　　：Cさん
　　死亡保険金額　　　　　　　　　　：6,000万円
② 終身保険
　　契約者(=保険料負担者)・被保険者：Aさん
　　死亡保険金受取人　　　　　　　　：Dさん
　　死亡保険金額　　　　　　　　　　：4,000万円

※　上記以外の条件は考慮せず、各問に従うこと。

(2015年1月)

《問13》 相続税における「遺産に係る基礎控除額」の計算に関する以下の文章の空欄①〜③に入る語句の組合せとして、次のうち最も適切なものはどれか。

> 「遺産に係る基礎控除額」は、「（　①　）＋600万円×法定相続人の数」の算式によって計算される。
> なお、この「遺産に係る基礎控除額」の計算における法定相続人の数に含めることができる養子の数および相続の放棄をした者の取扱いに変更はない。具体的には、被相続人に実子がいる場合に法定相続人の数に含めることができる養子の数は、相続税法上実子とみなされる者を除き、（　②　）までである。また、相続人のうちに相続の放棄をした者がいる場合は、相続の放棄をした者を法定相続人の数に（　③　）計算することになる。

1) ① 3,000万円　② 1人　③ 含めて
2) ① 2,500万円　② 1人　③ 含めずに
3) ① 3,000万円　② 2人　③ 含めずに

《問14》 仮に、Aさんの相続が現時点で開始し、Aさんが加入している生命保険契約からCさんとDさんがそれぞれ死亡保険金を受け取った場合、Aさんの相続に係る相続税額の計算上、CさんとDさんが受け取った死亡保険金からそれぞれ控除することができる非課税金額の組合せとして、次のうち最も適切なものはどれか。

1) Cさん：1,500万円　　Dさん：0（ゼロ）
2) Cさん：500万円　　Dさん：500万円
3) Cさん：900万円　　Dさん：600万円

《問15》 仮に、Aさんの相続が現時点で開始し、Aさんの相続に係る課税遺産総額(「課税価格の合計額－遺産に係る基礎控除額」)が2億4,000万円であった場合の相続税の総額は、次のうちどれか。

1) 5,100万円
2) 5,300万円
3) 8,100万円

<相続税の速算表(一部抜粋)>

法定相続分に応ずる取得金額		税率	控除額
万円超	万円以下		
〜	1,000	10%	—
1,000 〜	3,000	15%	50万円
3,000 〜	5,000	20%	200万円
5,000 〜	10,000	30%	700万円
10,000 〜	20,000	40%	1,700万円
20,000 〜	30,000	45%	2,700万円

〈実技編〉

ファイナンシャル・プランニング技能検定・実技試験

3級 保険顧客 資産相談業務
（金融財政事情研究会）

第2回

解答・解説

〔50点満点〕

【解　答】

【第1問】

番号	問1	問2	問3
正解	1	1	2
配点	3点	3点	4点

【第2問】

番号	問4	問5	問6
正解	1	2	1
配点	4点	3点	3点

【第3問】

番号	問7	問8	問9
正解	2	3	1
配点	3点	4点	3点

【第4問】

番号	問10	問11	問12
正解	2	3	1
配点	3点	4点	3点

【第5問】

番号	問13	問14	問15
正解	1	3	2
配点	3点	3点	4点

【第1問】

《問1》 （正解）　1

老齢基礎年金の年金額は、次の計算式により算出される。

$$816{,}000円 \overset{\text{2024年度価額}}{} \times \frac{保険料納付済期間 + 保険料免除期間 \times 反映割合}{480月}$$

保険料納付済期間は444月（＝ 281月（保険料納付済期間） ＋ 163月（保険料納付予定期間） ）であるが、保険料免除期間はない。

よって、1)の選択肢が正解となる。

《問2》 （正解）　1

> 「国民年金基金は、国民年金の第1号被保険者を対象に老齢基礎年金に上乗せする年金を支給する任意加入の年金制度です。国民年金基金への加入は口数制となっており、1口目は、保証期間のある終身年金A型、保証期間のない終身年金B型の2種類のなかから選択し、（65）歳（空欄①）から支給が開始されます。2口目以降は、終身年金のA型、B型および確定年金のⅠ型、Ⅱ型、Ⅲ型、Ⅳ型、Ⅴ型のなかから選択することができます。国民年金基金に拠出することができる掛金の限度額は、月額（68,000）円（空欄②）となっており、支払った掛金は（社会保険料）控除（空欄③）として所得控除の対象となります」

よって、1)の選択肢が正解となる。

《問3》 （正解）　2

1) ○

2) ×　付加年金の額は、「200円×付加保険料納付済期間の月数」により算定するため、Aさんが付加保険料を120ヵ月納付し、65歳から老齢基礎年金を受け取る場合、老齢基礎年金の額に上乗せされる付加年金の額は24,000円（＝200円×120月）となる。

3) ○　国民年金基金と付加年金は同時に加入することができないため、どちらか一方を選択することになる。

【第2問】

《問4》 （正解） __1__

ⅰ）仮に、Aさんが、がん、急性心筋梗塞、（脳卒中）により所定の状態となった場合、^{空欄①}特定疾病保障定期保険特約から特定疾病保険金を受け取ることができる。

ⅱ）仮に、Aさんが余命（6ヵ月）^{空欄②}以内と判断された場合、リビング・ニーズ特約により、対象となる死亡保険金額の範囲内で特約に基づく保険金を生前に受け取ることができる。

ⅲ）仮に、現時点でAさんが不慮の事故により亡くなった場合、妻Bさんが受け取ることができる死亡保険金の額は、（4,000万円）^{空欄③}となる。内訳は、終身保険100万円、定期保険特約2,600万円、特定疾病保障定期保険特約300万円、傷害特約500万円、災害割増特約500万円である。

よって、1)の選択肢が正解となる。

《問5》 （正解） __2__

1) × 定額個人年金保険の契約時に選択した年金の種類や受取方法は、変更することができる。受取方法には、年金方式や一括払い方式などがある。

2) ○ 変額個人年金保険の保険料は特別勘定で運用されるため、その運用実績によって将来受け取ることができる年金額が変動する。なお、年金受取開始後は一般勘定で運用されるため、以後の年金額は変動しない。

3) × 個人年金保険料税制適格特約が付加されている個人年金保険に医療保険特約を付加した場合、主契約の保険料は個人年金保険料に係る生命保険料控除（個人年金保険料控除）の対象となる。しかし、その医療保険特約部分の保険料は、個人年金保険料控除の対象とはならず、介護医療保険料控除の対象となる。

《問6》 （正解） __1__

1) × AさんがDさんの幼なじみの親しい関係であっても、Dさんの同意なくして、Dさんの保険証券の写しを第三者に見せることは、個人情報保護法によって禁止されている。

2) ○ 定期保険特約付終身保険の各種特約を同一の保障内容で更新した場合、更新後の保険料は更新前よりも高くなる。したがって、Aさんの必要保障額を改めて試算し、支出可能な保険料の範囲内で保障内容の見直しが必要となる。

3) ○ 学資（こども）保険は、万一、契約者（親など）が保険期間中に死亡した場合には、それ以降の保険料の支払いは免除され、契約はその後も継続し、満期時には満期保険金が支払われ、節目節目で祝金が支払われる。

【第3問】

《問7》 （正解）　2

<退職所得控除額>

800万円＋70万円×（30年－20年）＝1,500万円

<退職所得の金額>

（4,000万円－1,500万円）×$\frac{1}{2}$＝1,250万円

よって、2）の選択肢が正解となる。

《問8》 （正解）　3

1) ○

2) ○

3) × 　保険期間中に急な資金需要が発生した際、契約者貸付制度を利用することにより、当該終身保険契約を解約することなく、資金を調達することができる。なお、契約者貸付金は、保険会社からの借入金であるため、雑収入として益金の額に算入してはならない。

《問9》 （正解）　1

終身保険において、死亡保険金受取人が法人である場合は、支払った保険料の全額を保険料積立金として資産に計上し、解約時においては、解約返戻金額と保険料積立金との差額を雑収入として収益（益金）または雑損失として費用（損金）に計上する。解約返戻金の額は4,600万円であることから、保険料積立金4,400万円との差額の200万円が雑収入となる。

（仕訳）

借　　　　方		貸　　　　方	
現 金 ・ 預 金	4,600万円	保険料積立金	4,400万円
		雑 　収 　入	200万円

よって、1）の選択肢が正解となる。

【第4問】

《問10》（正解）　2

1) ×　妻Bさんの給与収入は48万円を超えている（80万円）が、合計所得金額は48万円以下（25万円＝80万円 − 55万円）あり、Aさんの合計所得金額も1,000万円以下（問11の解説参照）であるため、Aさんは、配偶者控除の適用を受けることができる。

　　（給与収入　給与所得控除額）

2) ○　長男Cさんは特定扶養親族（合計所得金額48万円以下、年齢19歳以上23歳未満）に該当するため、Aさんは、扶養控除（控除額63万円）の適用を受けることができる。

3) ×　Aさんは、合計所得金額が2,500万円以下であるため、基礎控除の適用を受けることができる。

《問11》（正解）　3

Aさんの本年分の総所得金額は、次のとおり計算する。

なお、上場株式の譲渡損失の金額は、給与所得の金額とは損益通算をすることができない点に留意すること。

800万円 − (800万円 × 10% + 110万円) = 610万円

（給与収入　　　　　給与所得控除額）

よって、3)の選択肢が正解となる。

《問12》（正解）　1

Aさんが現在加入している一時払変額個人年金保険を来年中に解約した場合の解約差益に対する課税関係は、一時払変額個人年金保険の年金種類によって異なる。年金種類が確定年金の場合、保険期間の初日から5年以内の解約であるため、いわゆる金融類似商品として、解約差益は20.315%（所得税・復興特別所得税・住民税の合算）の税率による（源泉分離課税）の対象となる。

（空欄①）

他方、年金種類が終身年金の場合、解約差益は（一時所得）として総合課税の対象となる。

（空欄②）

よって、1)の選択肢が正解となる。

【第5問】

《問13》（正解） 1

「遺産に係る基礎控除額」は、「（3,000万円）＋600万円×法定相続人の数」の算式に
よって計算される。

なお、この「遺産に係る基礎控除額」の計算における法定相続人の数に含めることが
できる養子の数および相続の放棄をした者の取扱いに変更はない。具体的には、被相
続人に実子がいる場合に法定相続人の数に含めることができる養子の数は、相続税法
上実子とみなされる者を除き、（1人）までである。また、相続人のうちに相続の放棄
をした者がいる場合は、相続の放棄をした者を法定相続人の数に（含めて）計算するこ
とになる。

よって、1)の選択肢が正解となる。

《問14》（正解） 3

生命保険金等を受け取った相続人が複数いる場合の非課税金額は、各相続人が受け
取った生命保険金等の比率で按分をする。

＜生命保険金等の非課税金額＞

500万円×3（法定相続人の数）＝1,500万円

＜各相続人の非課税金額＞

Cさん　　　$1,500万円 \times \dfrac{6,000万円}{6,000万円＋4,000万円} ＝ 900万円$

Dさん　　　$1,500万円 \times \dfrac{4,000万円}{6,000万円＋4,000万円} ＝ 600万円$

よって、3)の選択肢が正解となる。

《問15》（正解）　2

　課税遺産総額を2億4,000万円とした場合の相続税の総額は、次のとおりとなる。

① 法定相続分に応じた取得金額

妻Bさん　　　　　　2億4,000万円×$\frac{1}{2}$＝1億2,000万円

Cさん、Dさん　　　2億4,000万円×$\frac{1}{2}$×$\frac{1}{2}$＝6,000万円

② 相続税の総額の基礎となる金額

妻Bさん　　　　　　1億2,000万円×40％－1,700万円＝3,100万円

Cさん、Dさん　　　6,000万円×30％－700万円＝1,100万円

③ 相続税の総額

3,100万円＋1,100万円×2（Cさん、Dさん）＝5,300万円

よって、2)の選択肢が正解となる。

2級(AFP)合格コース (全18回)

専門的な知識を身につけ、2級・AFPを取得するためのすべてが揃ったコース!

カリキュラム

2級基本講義 全14回

＜INPUT＞

3級レベルを修了されている方を対象に、より高いレベルの6課目の知識を習得していきます。
また、FPにとって重要なコンプライアンス(法令順守)や倫理等についても学習します。

FP総論	提案書

FP各論
○ライフプランニングと資金計画
○リスク管理 ○金融資産運用
○タックスプランニング
○不動産 ○相続・事業承継

日本FP協会認定：AFP認定研修

2級直前対策 全4回

＜OUTPUT＞

2級総まとめ(学科・実技)

公開模試(学科・実技)

※実技対策は「資産設計提案業務」に対応しています。

2級FP技能検定

AFP登録

日本FP協会認定講座

本コースは「AFP認定研修」として日本FP協会の指定を受けているので、コースを修了することにより、2級FP技能検定の受検資格が付与されるとともに、2級FP技能検定合格後にAFPとして登録することも可能です。

受講料(消費税10%込)

※ 大原グループの講座(通学・通信)に初めてお申込みの方は、受講料の他に入学金6,000円(税込)が必要です。

映像通学　教室通学	一般価格	大学生協等割引価格
	97,700円~	**92,810円~**

大原の多彩な学習スタイル

全国各校で開講！お近くの大原で！ 　通学講座

映像通学

収録した講義映像を大原校内の個別視聴ブースにて視聴する学習スタイルです。自分のスケジュールに合わせて無理なく受講を続けることができます。

教室通学 (名古屋校)

大原に通って講義を受ける学習スタイルです。講師の情熱溢れる講義や解説を、同じ目的を持った仲間と一緒に受講します。

ゴウカクスルナラオオハラ

FP講座パンフレットのご請求はフリーダイヤルで　📞**0120-597-008**

正誤・法改正に伴う修正について

　本書掲載内容に関する正誤・法改正に伴う修正については「資格の大原書籍販売サイト　大原ブックストア」の「正誤・改正情報」よりご確認ください。

https://www.o-harabook.jp/
資格の大原書籍販売サイト　大原ブックストア

　正誤表・改正表の掲載がない場合は、書籍名、発行年月日、お名前、ご連絡先を明記の上、下記の方法にてお問い合わせください。

お問い合わせ方法

【郵　送】　〒101-0065　東京都千代田区西神田２-２-10
　　　　　　大原出版株式会社　書籍問い合わせ係
【ＦＡＸ】　03-3237-0169
【E-mail】　shopmaster@o-harabook.jp

※お電話によるお問い合わせはお受けできません。
　また、内容に関する解説指導・ご質問対応等は行っておりません。
　予めご了承ください。

'24.6-'25.5 CBT試験対応 解いて覚える！
ＦＰ３級合格問題集

■発行年月日	2016年 3 月15日　初版発行
	2024年 5 月13日　第10版発行
■著　　　者	資格の大原　FP講座
■発　行　所	大原出版株式会社
	〒101-0065
	東京都千代田区西神田1-2-10
	TEL 03-3292-6654
■印刷・製本	株式会社メディオ

※落丁本・乱丁本はお取り替えいたします。定価はカバーに表示してあります。
ISBN978-4-86783-110-6　C3033

Blind
Sheet